www.subkultur.de

Timo Quante ist 1984 in Wolfsburg geboren.
Nach einem Studium der Politikwissenschaften sammelte er Erfahrungen als Produktionshelfer, Autoverkäufer, Bestatter und IT-Supporter. Heute arbeitet er als Operation Manager bei einem IT-Dienstleister.
Als Künstler versuchte sich Timo Quante zunächst im Sprechgesang, bevor er das Schreiben für sich entdeckte. Seit 2002 schreibt er Erzählungen. Als Markenzeichnen kristallisierte sich ein rasantes Erzähltempo sowie ein direkter, schnörkelloser Stil heraus. Seine Storys haben einen Hang zu den Abgründen unserer Gesellschaft.
2023 erschien sein Debüt „Entweder Rapper oder Gangster" in der Edition Subkultur.
Neben dem Schreiben hat er noch weitere obskure Hobbys, wie Halbmarathon, Crosslauf oder Gewichte stemmen.
Timo Quante lebt in Wolfsburg.

www.timoquante.de

Timo Quante

Randsteinbeißen

Erzählungen im freien Fall

www.subkultur.de

TIMO QUANTE: „Randsteinbeißen" Erzählungen im freien Fall
1. Auflage, Oktober 2024, Edition Subkultur Berlin

Inh. Marion Alexa Müller, Bornholmer Str. 81a, 10439 Berlin
www.subkultur.de

Lektorat: Michael Wenzel
Autorenbild: Eileen Matzner Fotografie
Cover, Satz & Layout: Thomas Manegold
Cover made with Adobe Firefly
Made in EU
Gedruckt auf FSC- und PEFC-zertifiziertem Werkdruckpapier
print ISBN: 978-3-948949-42-6
epub ISBN: 978-3-948949-43-3

Inhalt

Jeden Samstag

„Zieht mal den Chris weg! Der ist mir heute zu voll", sagt ein Ordner.

„Alles im Griff. Mach du mal deinen Job", entgegne ich. Der ist so ein kleiner Schleimscheißer. Die stehen nur rum. In ihren roten, orangenen oder gelben Westen. Das sind Ordner, damit sie dazugehören können. Damit sie keinen Cent für das Spiel zahlen. Reden sich ein, sie gehören zum Verein. Aber 'nen Scheiß tun die! Die machen nichts. Die sind nicht jedes Wochenende hier. Brüllen sich die Seele aus dem Leib. Und repräsentieren unsere Farben immer und überall. Wir haben die Wappen. Wir haben die Farben. Tief unter der Haut. Und noch tiefer im Herzen. „Und ihr Penner habt nichts! Ihr seid stolz auf eure Trikots! Sky-Abonnenten! Arschlöcher! Und dann dieses linksliberale Gequatsche."

„Ich weiß, wo du wohnst", lallt Chris dem Ordner entgegen. Ich ziehe ihn zu mir.

„Lass den Scheiß! Der ist ein Pisser", sage ich. Ich starre ihn an. Chris muss lernen, sich im Griff zu haben. Er muss lernen, saufen zu können. Können die anderen ja auch. Und da sind welche, die haben schon weit mehr gesoffen als er. Wir sind Männer. Echte Kerle. Die müssen standfest sein.

Luke stellt sich auf den Zaun. Megafon in der Hand. Er brüllt. Wir brüllen zurück.

Die Mannschaft läuft nach vorne. Dieser Arsch von Mittelfeldspieler verliert den Ball. Achtet mehr auf seine Haare als aufs Spiel. Jetzt lamentiert der auch noch.

„Beweg dein' Arsch!", brülle ich.

Egal. Wir pfeifen. Nicht wegen dem Ballverlust. Weil da dieser Pisser aus dem Sturm von diesen Wichsern den Ball hat. Ist zu denen gewechselt. Sagt, weil er bereits als Kind in deren Bettwäsche gepennt hätte. Er macht es aber nur wegen der Kohle. Es dreht sich alles nur um Kohle. Wertlose Jungen. Sky-Abonnenten. Grünen-Wähler.

Der Verräter wird von unserem Verteidiger umgehauen. Wir feiern es. Dieser Pisser.

„Da gehörst du hin." Ich bin nicht der Einzige, der das ruft.

Und wir grölen unsere Lieder. Es ist unser Stadion. Es ist unser Verein. Ihr anderen dürft nur hier sein. Ihr seid Gäste! Ihr seid Sky-Abonnenten. Fanboys. Ökofaschisten. Arschlöcher!

Unser Kanake aus dem Mittelfeld verliert den Ball. Ein anderer Stürmer von den Wichsern hat das Leder. Er haut den unserem Keeper um die Ohren. Die Arschkrampen führen 1:0.

„Nur, weil die mehr Kohle haben", meint Chris. Er kann wieder reden. Er kann wieder trinken. Jemand reicht ihm 'nen Becher.

Ja, scheiß Millionärstruppe! Hätten wir so viel Kohle, wir wären unbesiegbar, Meister der Welt. Aber die haben Kohle gemacht, weil die da oben es so wollten. Aufsichtsrat mit Pennern aus der Wirtschaft. Die wollen unter sich bleiben, eingeschworener Haufen und so. Und die lieben es, wenn wir leiden. Aber wartet nur ab, eines Tages wird es sich rächen! Dann schlagen wir zurück. Dann zerschlagen wir eure Kapitalistenfressen! Ihr Sky-Abonnenten. Gutmenschen. Frauenversteher.

In der Halbzeit wird gesoffen. Dann fallen die nächsten Tore. Alle gegen uns.

„Wir haben zu viele Legionäre", meine ich.

„Und dann noch alle aus dem Ausland. Die sind nur wegen der Kohle da", behauptet Chris.

„Wir brauchen mehr Leute, die auch von hier sind", sage ich. „Nicht so Pisser, die unseren Verein erst bei den Vertragsverhandlungen kennen."

Wir singen weiter. Wir sind damit ziemlich allein. Die ersten falschen Fans gehen bereits nach Hause. Wir bleiben die ganzen 90 Minuten. Die da drüben im Gästefanblock sind auch noch da. Die schreien, tanzen, feiern.

„Die Hurensöhne schnappen wir uns!", rufe ich.

Der Schiri beendet das Spiel. Verloren. Wieder einmal gegen diese Affen.

„Schnell zum Park", ruft jemand zurück.

Wir folgen. Wir sind ca. 20 Mann. Von Anfang 20 bis Mitte 30. Manche sind schon Jahre dabei. Immer schon mit dieser Lust, mit dieser Lust an der Wut.

Im Park geht 'ne Gruppe in deren Farben. Wir stürmen einfach drauflos. Die haben hier nichts mehr zu suchen, die sind nach 90 Minuten Freiwild. Ich springe so einem mit 'ner Fahne um die Hüfte gewickelt in den Rücken. Er geht gleich zu Boden. Ich trete ihm in die Seite. Immer wieder. Er weint wie ein Baby.

Unsere Männer nehmen die anderen auseinander. Sie haben keine Chance. Die werden hier nicht mehr herkommen. Die werden sich das in Zukunft überlegen, vielleicht auch ganz mit dem Fußball. Deren Leute haben sie nicht beschützt. Das sagt viel aus über deren Szene.

Sirenen von irgendwoher: die Bullen. Kennen wir schon - wir gehen durchs Gebüsch stiften. Die Mutterficker kriegen uns nicht!

Dann steht da plötzlich ein Pferd vor mir, drauf so eine Bullenschlampe. Sie versperrt mir den Weg. Ich trete dem Pferd gegen das Bein. Es hoppelt wild herum.

Ich verpisse mich weiter. Bin dann am Fluss. Allein. Habe die Jungs verloren. Nachricht in die *WhatsApp-Gruppe*. Treffen sich alle im *Deutschen Eck*. Ich wechsle die Richtung. Es ist schon dunkel.

„Du Hurensohn!“, ruft jemand hinter mir. Es ist kein Scherz. Es ist keiner von uns. Er betont *Hurensohn* nicht wie wir. Der ist nicht von hier. Ein Russe oder Kanake. Dann viele schnelle Schritte. Die laufen auf mich zu.

Ich renne jetzt. Ich bin schneller. Die Schweine kriegen mich nicht. Kurzer Blick über die Schulter. Ich sehe viele. Mindestens 6. Die schaffe ich nicht allein.

„Hurensohn, bleib stehen!“

Ich balle 'ne Faust. Dann springe ich in den Fluss. Ich tauche tief ein. Für Oktober ist das Wasser noch warm. Ich tauche auf. Ich sehe das Ufer. Dann tauche ich wieder ab. In Richtung des Ufers. Ich klettere raus. Auf der anderen Seite stehen die Affen.

„Feiger Hurensohn, du!“, brüllen sie mir hinterher. Sie tragen Sturmhauben. Ich kann die Gesichter nicht erkennen. Das wird noch mal was geben. Aber nicht jetzt.

Ich renne noch etwas. Dann kann ich sie nicht mehr sehen. Ich spüre die kalte Nässe.

„Mich haben so Wichser verfolgt“, schreibe ich in unsere *WhatsApp*-Gruppe. „Irgendwelche Kanaken. Ich muss erst nach Hause. Mich umziehen.“

Sie schreiben, dass mich Jessica abholen kommt und mich zu mir fährt.

Passiert auch so. Jessica sammelt mich ein. Die Klamotten kleben an meinem Körper. Jessica mustert mich.

„Sieht heiß aus“, sagt sie. Sie hat keinen Typen. Verstehe ich gar nicht.

Jessica geht mit mir in die Wohnung. Sie reißt mir die Klamotten herunter. Dann fickt sie mich, dass es mir wieder warm wird. Ich mach es ihr von hinten. Sie schreit vor Leidenschaft.

Wir duschen noch zusammen. Dann ein schnelles Bier für uns beide.

„Können wir öfter machen“, grinst Jessica über ihre Dose Bier.

„Machen wir“, verspreche ich. Kann ich mir tatsächlich vorstellen. Sie ist 'ne Frau von Format. Eine, die Werte hat. Dabei auch noch dieselben wie ich. Kann passen. Und ficken kann sie auch. Nur Pluspunkte bei der Jessica.

Wir gehen also zum Auto. Jemand drückt mich gegen die Tür.

„Du verfickter Hurensohn!“

Ich kriege 'nen Schlag mit 'nem Baseballschläger ab. Dann liege ich auf dem Schotter. Die treten auf mich ein. Ich sehe, wie Jessicas Hose runtergezogen wird, wie sie sie auf die Motorhaube donnern. Wie sie sie ficken. Wie sie sich wehrt. Wie sie sie halten.

Dann ein Tritt auf meinen Schädel. Alles schwarz.

Brandmal

„Waldbrände in Kalifornien, Griechenland, Italien. Die Welt brennt." Ich lese meinem Alten die Schlagzeile des Spiegels vor.

„Und hier saufen wir ab", kommentiert er. Er will von Klima nichts wissen, er redet nur über Wetter. Das ist ein anderer Schlag, eine andere Generation.

Er dreht sich um im Bett. Er stöhnt.

„Schmerzen?", frage ich.

„Schmerzen? Mein ganzer Körper ist Schmerz."

„Mehr als gestern?"

„Mehr als gestern? Immer diese Fragen." Er ist genervt. Ich schlucke. Kommunikation ist zwecklos.

„Ich lasse dich dann mal allein", sage ich zu ihm und entferne mich vom Krankenbett.

„Aber denk an Heiner. Die brauchen die Molle ..."

„... und den Wolf und die Verschlussmaschine", ergänze ich.

„Ich habe noch gut 10 Meter Kunstdarm. Der muss auch weg. Kannste mitnehmen", sagt er.

Ich arbeite mich durch den Keller meiner Eltern. Hätte Mama dieses Chaos zugelassen? Hätte Mama dem Ansammeln von Dingen ein Ende machen können?

Nein, sie hätte es nicht gekonnt. Mein Vater hat schon immer gehortet: Autoteile, Werkzeuge, Hölzer, Bretter, Stangen. Dinge, von denen ich nicht weiß, wie sie heißen.

In einem Regal finde ich, was ich suche, zwischen weiterem Werkzeug zum Abschlachten: ein Bolzenschussgerät, lange Messer. Ist der Besitz legal?

Ich schnappe mir die hölzerne Molle, spüre den leicht fettigen Belag des Inneren. Jahrzehnte alte Wurstreste. Der Fleischwolf. Ich suche den Darm. Ich finde ihn aufgerollt.

Mein Vater schreit. Die Krämpfe. Der Krebs.

„Alles gut?", rufe ich zurück.

„Verschwinde schon! Die wollen pünktlich anfangen. Und trink einen für mich mit!" Ich sehe den Alten mit schmerzverzerrtem Gesicht. Er sieht nicht aus wie Anfang 60. Er ist schnell gealtert. Ein Knochen. Ein Fossil. Ein magerer 100-Jähriger.

Rein in den Polo. Kinder am Straßenrand. Tempo runter. Ich schaue. Sie zündeln. Sie stecken Taschentücher an. Die halten sie in der Hand, werfen sie in die Luft. Soll ich was sagen? Bin ich verantwortlich?

Ich war auch nicht anders.

Einfahrt zu Schulzes Hof; Bogen aus rotem Klinkerstein. Hier gab es mal Kühe, hier gab es mal bäuerliches Leben. Ich habe es nie erfahren. Nur von Oma und Opa gehört. Ein paar Hühner laufen mir entgegen. Stefan auch. Er reicht mir die Hand.

„Kannste mal mit anfassen?", fragt er. Wir ziehen das große Hoftor zu. Es klemmt. Es wackelt. Es schließt.

„Nicht, dass uns jemand verpfeift", erklärt Stefan.

„Eigentlich wollte ich euch nur die Sachen bringen."

Ich bin mit Stefan zur Schule gegangen. Ich bin in die Stadt gezogen. Er ist hiergeblieben. Wir waren verschieden. Wir sind verschieden. Ich weiß nicht, über was wir reden sollen.

„Einer muss deinen Alten vertreten", erklärt Stefan.

Er zündet sich eine Zigarette an. Dann folge ich ihm in Richtung Stall. Ich höre es quieken. Es ist das Schwein. Etwas schüttelt mich.

„Die Sachen kannste im Auto lassen. Wir kümmern uns erst um das Viech."

Im Stall riecht es unangenehm: Kot, Schmutz, altes Essen, Feuchtigkeit. Ein halbes Dutzend Männer starrt mich fragend an.

„Der kleine Jürgen", sagt einer der Kerle. Es ist Heiner. Er kommt auf mich zu, Zigarette im Mundwinkel. Er klopft auf meine Schulter.

„Wie geht es deinem Alten?", will ein anderer wissen. Ich berichte. Es sind keine guten Nachrichten.

„Darauf schenken wir uns einen ein", schlägt jemand vor.

Schnapsgläser werden gefüllt. Mir wird eins in die Hand gedrückt. Und runter mit dem Korn. In mir brennt es.

„Schon mal bei einer fachmännischen Schlachtung dabeigewesen?", werde ich gefragt. Ich schüttele den Kopf.

„Die Leute aus der Stadt denken, die Wurst wächst auf Bäumen." Alle lachen.

„Dann wollen wir mal", sagt jemand.

„Vier halten und ich setze den Bolzen", erklärt ein anderer.

„Du hältst mit fest", fordert mich Heiner auf.

Das Schwein quiekt. Das Schwein schreit. Das Schwein flüchtet in die Ecke. Es hat Angst. Es spürt, was folgen wird.

„Auf drei packt ihr es!“, sagt der Typ mit dem Bolzenschussgerät in der Hand.

Von draußen tönen Sirenen, Martinshorn. Ein Wagen, zwei Wagen. Pause. Dann der Nächste. Und noch einer. Es hört gar nicht auf.

„Was ist denn da los?“, fragt Heiner. „Gehen wir nachschauen.“

„Aber lasst das Bolzenschussgerät nicht liegen. Und zieht das Tor gleich wieder zu.“

Das Schwein hat Glück. Es bekommt eine Gnadenzeit. Wir gehen zur Straße. Das halbe Dorf steht auf dem Gehweg. Alle schauen in Richtung einer Rauchsäule.

Feuerwehr, Polizei und Rettungswagen rasen an uns vorbei.

„Ist das Flüchtlingsheim. Brennt lichterloh. Da sollen welche nicht rauskommen“, sagt einer der Nachbarn.

„Die hätten bleiben sollen, wo sie hergekommen sind. Dann müssten sie sich jetzt nicht so quälen“, meint ein anderer.

„Tja“, seufzt Heiner. Er geht zurück auf den Hof. Die anderen folgen, ich als Letzter.

„Wer hat den Stall nicht zugemacht?!“ Heiner ist wütend.

Das Schwein läuft direkt auf uns zu. Der mit dem Bolzenschussgerät läuft dem Tier entgegen. Sprung. Er will das Schwein festhalten. Aber es bleibt stehen und quiekt wie verrückt. Dann rennt es wieder. Die anderen versuchen, es zu stoppen.

„Kesselt es ein!“, schreit jemand. Und wir bilden einen Halbkreis. Dilettantisch. Das Schwein rennt auf mich zu. Ich kann es nicht packen. Ich pisse mir fast ein.

„Es läuft zur Straße!“

Und jetzt ist es draußen. Wieder Martinshorn. Ein Leiterwagen. Sie bremsen nicht. Es kracht. Das Schwein hat keine Chance.

Dann halten sie an. Sie inspizieren den Unfallort. Sehen uns an. Vorwurfsvolle Blicke in unsere Richtung. Vorwurfsvolle Blicke von den anderen zu mir.

Ist schön in der Heimat: ’ne Schlachtung versaut und nen Einsatz behindert. Ich gehöre hier nicht hin. Mein Alter wird sich freuen.

German Dream

Also, wir sind raus aus der Wohnung. Wir, das sind Hannes, Wurm und ich. Hannes ist schon das Treppenhaus runter, als es hinter uns rattert. Wurm schreit. Auch ich schreie. Wir können jetzt gar nicht schnell genug. Dann sind wir auch unten. Da rüttelt Hannes wie ein Bekloppter an der Tür.

„Scheiße!" Er schaut uns panisch an.

Wurm ist nicht in Panik. Nie. Er zieht einmal kräftig an der Tür und wir stehen draußen. Wir japsen nach Luft und setzen zum Sprint an. Wieder rattert es hinter uns.

„Das ist ein Maschinengewehr", schreit Hannes.

Ich kann es nur schwer glauben. Wer ist denn so gestört und ballert mit einem Maschinengewehr in einer Wohnsiedlung?

Egal. Es klingt schwer nach Krieg. Es klingt schwer nach jemandem, der durchdreht. Nach jemandem, der uns jagt.

Schweiß läuft jedem von uns von der Stirn. Wir sind keine Sportskanonen. Wir sind versoffene Taugenichtse.

In einer vollgesprayten Unterführung bleiben wir stehen.

„Hast du es?", fragt Hannes.

Keiner weiß, wen er gerade anspricht, weil Hannes auf den Boden schaut. Er hält sich die Knie und wirkt, als würde er gleich seine Gedärme auskotzen wollen.

Wurm zieht etwas Silbernes aus seiner Tasche. Dann kommt noch mehr zum Vorschein. Es glänzt silbern und golden.

„Wunderschön", staune ich.

„Ja", antworten sie einstimmig.

Es sind eine Handvoll Münzen. Angeblich alle aus echtem Gold und Silber. Darauf eigenartige Symbole eingraviert. Selbst Trottel wie wir wissen, dass wir etwas Historisches in unseren Händen halten.

Wir klopfen uns vor Freude gegenseitig auf die Schulter. Knuffen uns. Springen auf und ab. Infantile Freude. Dann verlassen wir die Unterführung, als wäre nichts gewesen. Es fängt an zu regnen. Kapuzen übergezogen. Ab in die Innenstadt. Rein in den ersten Bus. Es riecht nach nassem Hund. Da sind schon andere Köter wie wir drinnen. Ähnlich vom Leben betrogen. Aber wir gehören bald nicht mehr dazu. Wir nicht mehr. Wir können uns verpissen.

„Kalifornien“, sage ich zu Hannes.

„Kalifornien“, wiederholt er.

„Kalifornien“, sagt auch Wurm.

Raus aus dem Bus und rein in den Regen.

„Hast du sie noch?“, fragt Hannes angespannt.

„'türlich“, antwortet Wurm.

„Zeig mal“, fordert Hannes.

Wurm kramt wieder. Sie schimmern kurz in seinen Händen. Dann sind die Münzen wieder in seinen Taschen verschwunden. Nicht, dass uns jemand beobachtet.

„Ist das geil!“ Ich bin glücklich.

Weiter im Regen, vorbei am alten *Hertie*-Gebäude. Dann stehen da drei Kerle. Sie sehen finster aus. Sie sehen mies gelaunt aus, gebaut wie Kleiderschränke.

„Mitkommen!“, meint einer barsch.

Mir bleibt das Herz stehen. Wir kennen die Typen nicht. Wir sehen keine andere Möglichkeit, als zu gehorchen. Schon stehen wir in einem türkischen Friseursalon. So einer, wo keine Katzen arbeiten. Nur Typen mit gezupften Augenbrauen und symmetrischen Frisuren. So ein gelackter Typ schließt ab. Dann verschwinden alle Friseure und lassen uns mit den Kleiderschränken allein.

„Ihr habt was für uns“, sagt einer.

Hannes stellt sich blöde: „Was haben wir?“

Schon hat er einen Schlag in den Magen kassiert.

„Keine Spielchen!“, blafft einer der Schränke.

Hannes krümmt sich auf dem Boden. Er hält sich den Bauch. Aus den Augenwinkeln sehe ich Wurm. Blitzschnell bewegt er sich, greift sich eine Schere vom Tresen und sticht sie einem der Schränke in den Oberschenkel. Der schreit vor Schmerz. Auch ich reagiere schnell: Schnappe mir 'nen Stuhl und schleudere ihn gegen das Schaufenster: Risse und ein kleines Loch. Wurm nimmt Anlauf. Er springt mit dem Rücken zuerst durch die Scheibe. Die zerbricht jetzt komplett. Ich laufe schnell hinterher. Renne. Sehe nur noch Wurm vor mir. Der keucht auch. Ich höre ihn. Wir keuchen abwechselnd. Wir stolpern in einen Ein-Euro-Laden.

„Wo ist Hannes?", stammle ich außer Atem.

„Scheiße!", schreit Wurm.

Jetzt knallt es. Ständer fallen um. Jemand ist hineingefallen. Es ist Hannes. Blut läuft ihm von der Stirn. Verkäufer laufen auf ihn zu. Und ein Kerl mit der Aufschrift Security. Wir jetzt auch. Wir schubsen ein paar Leute weg, ziehen Hannes hoch und laufen wieder. Wir sind wieder vollzählig.

Wir laufen weiter. Endlich die Spielothek! Wir huschen rein. Die Frau im Wechselbüro mustert uns.

„Was hast du da in deinen Haaren? Sieht aus wie Diamanten", sagt sie zu Wurm. Sie meint das Glas der Scheibe.

„Das ist jetzt in."

Sie lässt uns vorbei. Wir gehen zu 'nem Pokerautomaten. Da sitzt ein alter Mann. Herbert. Er riecht muffig. Seine Fingernägel sind gelb. Er könnte auch ein sprechender Aschenbecher sein.

Wurm zieht die Münzen hervor. Herbert prüft. Er fühlt. Dann steckt er die Münzen ein. Er tippt mit seinem langen Fingernagel auf den Spielstand. 67.000 Euro steht da. Dann verschwindet Herbert.

„Auszahlen, auszahlen!", schreit Hannes.

Ich drücke und der Automat spuckt uns Scheine entgegen. Es sind viele Scheine. Zu viele. Also keine Echten. So Gewinnscheine. Die müssen wir jetzt erst bei der Tante vom Wechselbüro eintauschen. Die wird Augen machen.

Macht sie dann auch.

„Das kann ich euch nicht in bar geben. Ist Geschäftsrichtlinie", sagt sie.

„Dann bei jedem ein Drittel", schlägt Hannes vor.

„Geht nicht. Ein Gewinn geht auch nur auf ein Konto. Geldwäsche und so."

„Wir nehmen Wurm", beschließe ich.

Wurm kramt seine Girokarte raus. Er zittert. So viel Geld wurde noch nie auf sein Konto überwiesen.

„Wie lange wird es dauern?", fragt Hannes.

„In der Regel ist die Kohle nach 3 Werktagen drauf", klärt die Tante auf.

3 Tage können verdammt lang sein. Vor allem, wenn man sich die Zeit mit *Speed* vertreibt: der Droge und dem Film.

Hannes krabbelt pausenlos zum Balkon. Dann richtet er sich ganz langsam auf, bis er über das Geländer schauen kann. Wie ein schlechter Soldat. Den hätte man sofort weggeballert.

„Warum bist du so ein Psycho?“, fragt Wurm.

„Weil es ein verfickter Nazischatz war. Wer weiß, wer hinter uns her ist“, meint Hannes.

„Kein Plan. Haben wir ja nicht mehr“, sage ich.

„Das glaubt uns kein Schwein!“, erwidert Hannes.

Er hat recht und deshalb ist mir bange. Also noch ein bisschen Speed. Weg sind die Sorgen.

„Hier“, sage ich zu Hannes.

Er gönnt sich auch.

„Besser?“, frage ich.

„Viel besser“, meint Hannes.

„Kalifornien“, stöhnt Wurm.

„Ja, bald sind wir da“, sage ich.

Unsere Koffer sind bereits gepackt. Sie stehen in der Wohnung. Sie sind neben dem alten Röhrenfernseher, dem DVD-Player, inklusive *Speed*, dem Film, plus Bonusmaterial und den drei Matratzen das Einzige, was noch in der Bude ist.

Und unsere WG ist zum nächsten Monat gekündigt. Die Flüge sind gebucht: Wir fliegen nach Kalifornien! Wir kommen nie wieder. Offiziell haben wir auch einen Rückflug gebucht. Aber den werden wir nicht nehmen. Die haben wir nur, damit wir zu den Amis dürfen, dass die keinen Verdacht schöpfen. Wir werden dableiben. Die werden uns lieben. Deutsche Wurst und deutsches Bier und deutsche Typen; das wird unser Konzept sein. Drei Monate buckeln und dann lassen wir andere für uns knechten. Mexikaner oder so. Der Plan ist todsicher.

„Und die Weiber“, meint Hannes.

„Und die Sonne“, ergänze ich.

„Und das Gras“, meint Wurm.

Der Wecker am Smartphone läutet. Wie jede Stunde. Wurm checkt.

„Ist drauf“, ruft er. Wir springen auf und ab vor Aufregung. Er drückt auf sein Smartphone. Er wischt.

„Weg!“, ruft er.

Hannes und ich schnappen unsere Smartphones. Alle bei der gleichen Bank. Alle die gleiche App. Zum Glück.

„Ist drauf", meine ich.

„Bei mir auch", sagt Hannes.

Und weg sind wir. Raus aus der Stadt. Zu heißes Pflaster. Deshalb der Flug von München. Deshalb die zwei Tage Hotel, bis unser Flieger abhebt.

Wir sitzen im Taxi. Wir singen den Titelsong von dieser beschissenen Serie: „California, here we come!"

Plötzlich knallt es. Ganz laut. Es ist der Reifen des Taxis.

„Scheiße", brüllt der Fahrer. Er rollt an den Straßenrand. Wir sind mitten auf der Autobahn.

Etwas rammt uns von hinten. Ein schwarzer Jeep. Er bleibt vor uns stehen. Dann noch ein schwarzer Jeep. Typen stürmen aus den Karren. Sie ziehen uns aus dem Taxi. Neben uns ballern die LKW über die Fahrbahn. Dann Sirenen, Blaulicht. Dann Schüsse.

Was ist das für eine Scheiße?! Wo sind wir da reingeraten? Was haben wir uns nur gedacht?

Nicht viel. Denken ist nicht unsere Kernkompetenz. Unsere Kompetenzen sind Drogennehmen, von Ärschen träumen und auf schwachsinnige Ideen kommen.

Jetzt herrscht Chaos. Die Bullen schießen, die mit den schwarzen Jeeps schießen. Keiner beachtet uns. Aber wir leben. Wir haben uns hinter dem Taxi zusammengekauert. Ich finde mich auf dem Boden zwischen Hannes und Wurm wieder. Wurm grinst.

„Hell yeah", brüllt er gegen das Ballern.

Dann robbt er davon. Wir hinterher: unter so einer Leitplanke durch und den Abhang runter. Wir schauen hoch. Niemand hinter uns. Wir nehmen die Beine in die Hand.

„Und jetzt?", fragt Hannes außer Atem. Wir stehen in irgendeinem scheiß Wald, ich weiß nicht wo.

„Habt ihr eure Portemonnaies?", will Wurm wissen.

Wir wühlen in unseren Hosentaschen.

„Scheiße, ja!", sage ich. Auch Hannes zeigt seins.

„Dann haben wir Kohle."

Wir marschieren. Raus aus dem Wald. Dann auf 'nem Feldweg. Dann sehen wir Lichter. Nicht viele. Irgendein Dorf. Schon etwas größer. Wir kommen näher. Wir haben Hunger. Wir haben

Durst. Wir stinken. Etwas riecht nach Essen. *Zum deutschen Hof* steht an einem Haus. Deutsche Kost und Hotel. Wir gehen rein.

Mein Kalifornien heißt jetzt *Kütdorf.* Liegt irgendwo zwischen Wolfsburg und München. Gerade ist es ein wenig wie Kalifornien. Die Hitze brennt mir fast den Schädel weg und der Strand meines Forellenteichs ist weiß. Die Kinder der Angler bauen hier Burgen. Die Kinder der Daddys, die von ihren Alten fliehen, um sich beim Forellen-Killen ein paar Dosen Bier ins Hirn zu schütten.

Ich habe *Kütdorf* seit dem Jägerschnitzel nach dem Überfall auf der Autobahn nicht mehr verlassen. Zu gefährlich. Hier kennt uns keiner. Oder kannte. Ich bin jetzt der *Forellen-Typ*. Von meiner Kohle habe ich mich hier eingekauft. Und nach drei Jahren gehört mir der ganze Teich. Läuft gut. Im Frühling und Herbst sowieso. Im Winter mache ich Eisangeln oder Fischen mit Glühwein. Im Sommer darf man in 'nem abgetrennten Gebiet raus mit dem Tretboot. Die Dorfjugend kifft da ungestört. Und die Forellen können ungestört ficken. Win-Win für alle.

Hannes hat jetzt Zwillinge. Ist mit so 'ner Dorftussie nach 'nem halben Jahr in der Kiste gelandet. Und Volltreffer. Jetzt sind die beiden verheiratet. Er hat sich in den *Deutschen Hof* eingekauft. Versäuft aber selbst mehr, als er einnimmt. Deshalb kriegt seine Alte hier und da 'ne Ohrfeige. Ich halte Abstand von Hannes. Er ist ein Pulverfass.

Wurm hat es hier nicht lange ausgehalten. Er wollte es regeln für uns. Damit wir alle nach Kalifornien können.

Kaum war er wieder in der Stadt, waren da auch schon wieder Typen. Die haben ihm den Schwanz abgeschnitten und Wurm dann schwanzlos von der Bananenbrücke baumeln lassen. Ein Zeichen für jeden, dass wir die Falschen abgezogen hatten.

Unsere Story war da noch einmal in den Zeitungen. Nur keine Namen. Nur den von Wurm. Meine Leute werden eins und eins zusammengezählt haben und wissen, dass sie mich nie mehr wiedersehen.

Hier in *Kütdorf* bin ich sicher. Hier wird mich niemand über den Haufen schießen.

Die Bullen waren einmal da. Haben ein paar Fragen gestellt. Wollten wissen, ob ich Wurm kannte. Ob ich diesen Herbert kennen würde. Beides habe ich verneint. Die haben mir geglaubt. Ein Besitzer von 'nem Forellen-Teich ist glaubwürdig.

Von Herbert habe ich dann mal im Netz gelesen. War mir nicht klar, dass er ein Fascho war. Schon in der zweiten Generation. Sein Vater war in der SS. Also in der echten, der von Hitler. Herbert träumte, durch diese geklauten Münzen könne man Hitler und alle gefallenen Nazischweine zurückholen. Dazu müsste man nur alle haben und dann in irgendeiner Burg im Kyffhäuser ein Feuer machen. Das machte Herbert dann auch. Ging mächtig in die Hose. Er und fünf seiner Nazikumpels sind dabei verreckt, alle verbrannt.

Ich bleibe hier. Ein Forellenteich irgendwo im Nichts. Und Bier. Ausreichend Bier. Das ist mein *German Dream*.

Herzlos

Der Regen klatscht gegen die breite Glasfront des Irish Pubs.

Max beobachtet, wie die Tropfen langsam die Scheibe hinunterlaufen.

Zwei Mädels huschen an Max vorbei. Sie platzieren sich an einem Stehtisch und rauchen. Im Raum steht die Luft. Es riecht nach kaltem Qualm.

Der Kellner öffnet die Tür. Kurz tönt Musik in den abgetrennten Raum. Mit dem einklinkenden Schloss verstummt sie wieder.

Die Mädels bestellen Mojito. Der Kellner macht einen Scherz.

Dann lässt er mit ernster Miene den nächsten Tequila in Max' Glas laufen. Auf Zitrone und Salz wird verzichtet. Es soll schnell gehen.

Der Kellner nickt Max verständnisvoll zu. Max lässt den Alkohol die Kehle herunterlaufen. Er verzieht keine Miene.

„Soll ich die gleich hierlassen?"

Max nickt.

Die Zeit verstreicht. Die Mädels vom Stehtisch sind schon längst ins Innere des Pubs verschwunden. Werden ausgetauscht durch ein halbes Dutzend einsamer Seelen auf der Suche nach einem Afterwork-Drink. In Max' Flasche ist nur noch eine Pfütze.

Ein untersetzter Kerl stürmt auf Max zu. Er wischt sich die wenigen Haare zurecht. Dann legt er seine wurstigen Finger auf Max Schulter.

„Scheiße, tut mir so verdammt leid", sagt der Kerl.

Max findet langsam aus dem Nichts zurück. Er blickt dem Kerl ins Gesicht.

„Sebi, schön dich zu sehen", antwortet Max tonlos.

„Habe gleich mit meinem Meister geredet. Wollte schon früher kommen. Aber der Arsch hat nur seine Stückzahlen im Kopf. Kein Mitgefühl, der Wichser", meint Sebi. Er schlägt dabei mit der Faust auf den Eichentisch. Die fast leere Flasche Tequila taumelt von links nach rechts, findet dann aber wieder das Gleichgewicht.

„Jetzt bist du ja hier."

Wieder kommt der Kellner. Sebi bestellt zwei Bier. Er starrt Max an.

„Wie ist es passiert?“

„Ist durchs Fenster geflogen. Keine Qualen, nur viel Blut, hat mir die Kommissarin versichert“, antwortet Max.

„Wie einfühlsam von der Bullen-Schlampe“, meint Sebi. Er schüttelt den Kopf.

„Was soll sie denn sonst sagen?“

„Dass es ihr leidtut.“

„Bringt Vanessa auch nicht zurück.“

Der Kellner serviert die Biere.

„Kann ich abziehen?“

Sebi kramt genervt nach seinem Portemonnaie.

„Die Flasche geht aufs Haus“, fügt der Kellner an.

Sebi zahlt die Biere. Trinkgeld gibt es nicht.

„Das Pils hätten die auch ruhig springen lassen können. So oft wie Vanessa und du hier wart.“

Max blickt die Wand an. Seine Augen fokussieren im Wechsel ein Porträt eines Typens mit Hornbrille und eine irische Whiskey-Werbung aus Emaille. Sebi klopft nervös mit den Fingern auf den Tisch. Spielt mit dem Bierdeckel. Wippt mit seinem Bein.

„Die Stille ist zum Kotzen“, meint Sebi.

„Läuft doch Musik“, wirft Max ein.

„Ich muss andauernd an deine Vanessa denken. Die Arme, wie sie dagelegen haben muss.“

„Wie ich sagte, sie war sofort tot.“

„Die ist doch immer so langsam gefahren. Die muss doch einer geschnitten haben. Bestimmt so ein Wichser, der sich verpisst hat“, behauptet Sebi.

„Schon mal rausgeschaut? Es liegt überall Laub. Sie ist gerutscht, hat die Kontrolle über den Wagen verloren. Dann stand da die Laterne“, erklärt Max.

„So hat dir das die Bullen-Schlampe erzählt?“

„Stand so in der Zeitung.“

„Der Lügenpresse glaubst du?“

Max sieht Sebi kritisch an.

„Die verbreiten doch nur Müll. Alles verkackte Lügen. An deiner Stelle hätte ich schon längst bei den Bullen auf der Matte gestanden und hätte alle Berichte und Fotos eingefordert. Hast du dir denn wenigstens Vanessa angeschaut?“

„Sie ist noch in der Pathologie.“

„Und? Du bist Bestatter! Nichts wie hin. Du hast doch 'nen Schlüssel", brüllt Sebi. Die wenigen Gäste drehen sich bereits um.

„Was würde das bringen?"

„Du könntest dich vergewissern, dass die Bullen die Wahrheit sagen. Die erzählen doch viel, wenn der Tag lang ist. Und bei aller Liebe, die Sache mit der Straße will ich nicht glauben."

Max schüttelt den Kopf.

„Da soll doch nur wieder 'ne Bonze geschützt werden, die zugekokst die Karre von Vanessa geschnitten hat. Morgen nehmen wir uns gleich ihren Wagen vor und jetzt fahren wir noch in die Pathologie. Nicht, dass irgendein Schwein an ihr herumschnippeln kann. Ich hab da ein ganz beschissenes Gefühl. Vanessa verliert doch nicht einfach die Kontrolle über ihr Auto. Verarschen kann ich mich selbst!"

Max nimmt das Bier auf ex und steht auf:

„Dann los!"

Sebi rast durch die Straßen der Stadt. Sein 3er-Golf slidet durch die Kurven wie bei einer wilden Verfolgungsjagd. Sie halten quietschend vor dem Krankenhaus.

Es ist dunkel auf dem Gelände. Sie schleichen vorbei am Hauptgebäude und der Notfallaufnahme. Es regnet. Laub fällt von den Bäumen.

„Hast du das gehört?" Sebi deutet in ein Gebüsch. Es raschelt.

„Nur der Regen", meint Max.

„Ich könnte schwören, wir werden verfolgt."

„Es ist Herbst", sagt Max und nimmt den Schlüssel der Pathologie von seinem Bund. Er steckt ihn ins Schloss.

Der Bewegungsmelder macht sofort Licht. Sebi betrachtet aufmerksam die von Neonröhren erhellten Kacheln. Max läuft den langen Flur entlang. Er kennt sich aus. Am Ende öffnet er eine Tür: In der Mitte des Raums befinden sich ein Stahltisch und eine Schrankwand.

„Das stinkt hier", sagt Sebi. Er ist bemüht, nichts zu berühren.

„Desinfektionsmittel. Zieh mir mal den Wagen ran", fordert Max ihn auf. Er steht vor einem der Kühlschränke und liest die austauschbaren Karten. Er sucht einen Namen.

„Aber ..."

„Links neben dir sind Handschuhe."

Es klatscht. Dann poltern Rollen über die Kacheln. Max liest den Namen seiner Freundin in krakeliger Handschrift.

Vorsichtig schiebt Sebi den fahrbaren Tisch nach vorn.

Max atmet durch. Dann öffnet er das Fach. Er liest noch einmal den Zettel, der am Fuß befestigt ist: Vanessa. Dann zieht er den Leichnam heraus. Vanessa befindet sich mit einem Zug im Zentrum des Tisches.

„Scheiße!" Sebi würgt.

Max streicht dem Leichnam die Haare von der Stirn. Betastet die Augenlider. Gleitet zwischen den Brüsten entlang einer Naht zum Bauchnabel. Es ist Vanessa. Da besteht kein Zweifel.

„Was soll die Naht?", murmelt Max.

„Was soll die Naht?", wiederholt Sebi. Er steht kreidebleich hinter Max.

Max wischt über die schlechte Naht. Er stürmt durch den Raum. Er findet eine Schere und schneidet die Fäden auf.

Vorsichtig öffnet er den Bauch. Er spreizt die Haut auseinander. Er betrachtet die Organe.

Sebi würgt wieder.

„Atme nicht ein", rät Max und schaut skeptisch in das Innere seiner Freundin.

„Was soll das?", will Sebi wissen.

„Das Herz fehlt", stellt Max fest.

„Wie?"

„War sie Spenderin? Ihr Herz ist weg. Ihr Herz! Vanessas Herz!"

Dann presst Max Vanessas Bauch zusammen. Schnappt nach Sebis Händen. Der übernimmt den Griff. Max kann seine Vanessa wieder zusammen nähen.

Sebi schwitzt nach dem letzten Knoten. Max sieht emotionslos auf den Leichnam. Dann küsst er Vanessa auf die Stirn.

„Dein Herz. Dein Herz schlägt weiter", sagt Max.

Er sinkt zu Boden. Er greift sich an seine Brust. Es fühlt sich an, als hätte man auch ihm sein Herz herausgerissen.

Melmac

Chewie schaut mich an. Seine Augen sind feuerrot. Ich will ihn nicht ansehen. Er macht mir irgendwie Angst.

Schneller Blickwechsel zum Fernseher. Zu Alf. Der quatscht mit Willie. Es geht um irgendeine Rechnung. Alf will davon nichts wissen. Die Katze läuft vorbei. Alf leckt sich die Lippen.

Hat Alf Lippen? Warum leckt sich diese verdammte Puppe irgendetwas? Oder die Nase? Oder den Mund? Und woher kennt er das? Leckt man sich in jeder Galaxie, wenn man Hunger hat? Machen das alle intelligenten Lebewesen, auch über die Milchstraße hinaus? Habe ich eine übergalaktische Weisheit erkannt? Die universelle Religion des Beleckens! Ich bin ein verfickter Prophet.

„Lass uns noch einen rauchen", schlägt Chewie vor.

„Nein, Mann, ich habe Knast. Ich brauche etwas zwischen die Zähne", sage ich. Ich denke an Muffins.

Gottverdammte Muffins. Aber nicht irgendwelche Muffins. Diese Abgepackten von *Lidl*: 4 Stück in einer Packung für 1,49 Euro. Und nicht diese Szenedinger aus Schokolade und Smarties drauf. Helle Muffins mit Zuckerguss. Ganz klassisch. Ich will diese verdammten Muffins! Jetzt!

„Ich will Fleisch", stöhnt Chewie.

„Gibt es bei *Lidl* auch", sage ich.

„*Lidl*?" Er schaut mich ungläubig an.

„Ja, *Lidl*", bestätige ich. Ich ziehe mir Schuhe an. Chewie macht es mir nach.

Im Treppenhaus bleibt er vor der Tür meiner Nachbarn stehen. Er drückt seine Augen ans Klingelschild.

„Die heißen Ricken. Was reimt sich auf Ricken", brüllt er durchs Treppenhaus.

„Bist ein Wahnwitziger", entgegne ich ihm. Ich ziehe ihn weg. Es ist lustig. So richtig kindlich lustig. Aber ich will keinen Stress mit meinen Nachbarn. Ich brauche niemanden, der mich schief ansieht oder verdächtigt. Ich will meine Ruhe.

„Warum zu *Lidl*? Wollen wir nicht lieber zu *Kiosk Krause*? Ich habe Bock auf 'ne bunte Tüte", sagt Chewie.

„Ich dachte, auf Fleisch."

„Die haben *Bifi* und *Carazza*."
„Wegen der Muffins", erkläre ich. „Deswegen."
„Muffins? Wegen Muffins so 'nen weiten Weg?"
„Sind Zaubermuffins. Wenn du die mit Gras isst, siehst du in die Zukunft", spinne ich.
„Geil, dann weiß ich, ob … Ja, was weiß ich dann eigentlich?", fragt Chewie.
„Na, wie die Zukunft ist."
„Interessiert mich das? Irgendwie langweilig. Dann muss ich nicht mehr leben."
„Stimmt", bestätige ich.
„Also nicht zu *Lidl*?", fragt er.
„Doch, wegen der Muffins."
„Ich will aber meine Zukunft nicht kennen."
„Zusammen mit was Fleischigem kannst du für drei Tage die Gedanken von anderen lesen", behaupte ich.
„Das ist geil! Dann kann ich allen nach dem Mund reden. Die werden mich lieben. Alle. Und damit lässt sich Kohle verdienen. Wie geil!", freut sich Chewie.
„Aber nur 3 Tage lang", werfe ich ein.
„Das werden lange 3 Tage. Da brauche ich was, das pusht."
„Brauchst du das nicht immer?", frage ich.
Ich erhalte keine Antwort. Er sieht sich nervös nach allen Seiten um. Wenn er zu viel gepafft hat, ist immer so paranoid. Das ist wie bei Chris mit dem verdammten Koks. Wie bei Chris mit eigentlich allen Drogen. Chris halt. Chris und Chewie. Meine besten Freunde. Immer schon. Wir, die 3 Freaks.
„Nicht, dass mich jemand erkennt. Verdammt, ich bin selbstständiger Trauerredner. Hier muss mich nur jemand sehen. Ich mit meinen Augen. So bekifft. Da kann ich einpacken!"
„Hier kennt dich keiner, Chewie."
„Doch, drei Blocks weiter ist dieser Kambodschaner verreckt. Zwei Straßen entfernt die Kleine mit den gemachten Brüsten bei 'nem Autounfall. Ich bin noch zu jung. Ich bin noch nicht etabliert. Ich kriege keine Aufträge mehr. Und dann muss ich noch so 'nen Scheiß machen wie du. An der Kette stehen. Nur drei Handgriffe. Ich gebe mir die Kugel", sagt Chewie.
„Keine Panik, sobald dich jemand kennt, sorge ich dafür, dass es zu keinem Wortwechsel kommt", beruhige ich.

„Oder wir drehen um und rufen Chris an. Der besorgt uns etwas zu essen", meint Chewie.

„Dienstreise. Der ist irgendwo im Osten", erinnere ich.

„Fuck."

Plötzlich stehen wir vor *Lidl*. So, als hätte uns jemand gebeamt.

„Gras ist 100% eine außerirdische Technologie. Das haben die uns geschenkt. Wir wissen nur nicht, wie wir es nutzen sollen", sagt Chewie.

„Du klingst wie Chris", stelle ich fest.

„Chris labert immer von diesem Amerikaner, der Ufos gesehen haben will. Hat sogar im Kongress ausgesagt. Vielleicht ist was dran."

„Vielleicht auch nicht", sage ich.

Im *Lidl* blendet uns das grelle Licht. So, als würde uns ein Bulle seine *Maglite* direkt in die Fresse halten. Als stünden wir auf einer Bühne und es würde losgehen. Fuck! Vielleicht sind wir ja auf einer Bühne. Vielleicht ist das gar kein *Lidl*. Das ist Reality-TV. Scheiße!

„Scheiße, die schauen alle", flüstere ich Chewie ins Ohr.

„Verdammt, ja. Ich sehe es. Die starren uns alle an. Aber schrei nicht so! Was geht hier ab?" Ich habe Chewie angesteckt mit meiner Paranoia.

„Ich weiß es nicht. Aber das ist nicht lustig", meine ich.

„Und das waren dir die Muffins wert? Unser Leben? Die werden uns fressen. Das sind bestimmt Menschenfresser!"

„Es tut mir leid!" Ich würde gern seine Hand halten. Aber das wäre zu auffällig.

„Und jetzt?", fragt Chewie mit zitternder Stimme.

„Lass uns schnell die Muffins schnappen."

Zum Glück sind die Muffins sehr weit vorne im Laden. Ich greife mir gleich 3 Packungen.

„Das müsste reichen", sage ich.

„Hoffentlich."

Am Gemüse starren uns gleich zwei Muttis an, als würden wir ihre Kinder entführen wollen. Und die Kinder gaffen, als würden sie uns angreifen wollen. Miese Masche. Kinder und Besoffene sind immer ehrlich. Mütter sind verlogen. Vorgegaukelte Angst. Sie wollen uns zu Mittag essen. Das ist so sicher wie das Amen in der Kirche.

„War was im Gras?", frage ich Chewie. Er hatte es mitgebracht. Ein Geschenk von einem Kunden.

„Ich vermute, in LSD getränkt."

„Verdammt, wie wollen wir jetzt zwischen Wirklichkeit und Rausch unterscheiden?"

Chewie wird philosophisch: „Alles ist wahr. War es schon immer. Rausch ist nur eine andere Brille."

„Fick dich!", sage ich laut. Ein Opa starrt mich am Käseregal an. Er will mich sicher überbacken. Er kann sich nur noch nicht zwischen Gouda und Mozzarella entscheiden.

„Schnell", fordere ich Chewie auf.

Ich sehe bereits die Kasse. Ich eile hin. Ein junger Typ mit Kopfhörern stellt sich mir in den Weg. Ich versuche, schnell stehen zu bleiben und balanciere die Muffins.

Sucht er Ärger? Auch er stellt sich an. Kein Ärger, durchatmen. Einfach heil hier raus. Dieser *Lidl* ist unser Vietnam.

„Die starren immer noch! Das sind bestimmt Zombies! Die Welt ist zu einem Zombieplaneten geworden!" Chewie stottert.

Beim Anstellen an der Kasse läuft mir der Schweiß. Ich laufe aus. Ich werde zu Flüssigkeit. Ist das mein Ende? Oder der Beginn einer Superkraft?

„4,47 Euro", verlangt die Kassiererin. Sie sieht aus wie die Frau von *Stockmann*. Sie könnte ein Zahnstocher sein. Ihr Körper ist so schmal. Kann die überhaupt Sex haben? Passt da überhaupt ein Penis rein? Und wie kackt sie? Wahrscheinlich in ganz dünnen Strichen. Kopfkino. Zu viel Kopfkino. Ich finde das lustig. Krankhaft. Mein Humor ist nicht ganz sauber. *Ich* bin nicht ganz sauber.

Ich krame ein paar Münzen aus meiner Tasche. Es fällt mir schwer. Aber es lenkt ab. Ich muss nicht lachen.

„Passt so", sage ich und schenke der Handelskette die 3 Cent. Ich komme mir vor wie ein Samariter. Die *Stockfrau* schenkt mir nicht einmal ein Danke.

Egal. Chewie und ich sind endlich frei.

Wir gehen zurück zu mir.

Doch wir werden verfolgt. Diesmal von einer Katze.

„Siehst du sie?", will ich wissen.

„So ein getigertes Mistvieh", antwortet Chewie.

Dann bleibt er abrupt stehen. Er kniet sich hin.

„Miez, miez, miez“, macht er. Wenn die Situation nicht so brenzlig wäre, ich würde mich über ihn lustig machen.

Die Katze geht tatsächlich auf ihn zu. Sie faucht etwas. Dann lässt sie sich streicheln.

„Ist doch freundlich“, stellt Chewie fest.

„Das LSD macht mich fertig“, behaupte ich.

Nie wieder Gras getränkt in LSD. Ich will entspannt sein. Ich will keinen Trip.

„Wir haben das Fleisch vergessen!“ Er nimmt die Katze auf den Arm.

„Dafür haben wir Muffins“, erinnere ich.

„Und jetzt auch Fleisch“, behauptet Chewie.

„Was stimmt mit dir nicht?“

„Ich will Fleisch. Auf Melmac nennt man das Jagd“, sagt Chewie.

Astronauten-Mutti

„Ich werde Astronaut“, sagt Tom.

„Du bist Mitte 30! Wie willste das anstellen? Willst du erst Zauberer werden?“ Ich kann mich vor Lachen kaum halten. Ich kugele mich. Ich stoße die Flasche *Veltins* um.

„Du wirst schon sehen! Ihr werdet alle sehen!“, entgegnet er.

Tom der Tagträumer. Tom der Idealist. Tom ohne Plan.

Tom wohnt wieder bei Mutti. Kamilla hat ihn rausgeworfen. Verständlich. Er spielt lieber Playstation, als arbeiten zu gehen.

Okay, dafür kann ich ihm keinen Vorwurf machen. Würde ich auch lieber.

Aber zwischen Wollen und Machen liegen bei mir noch Welten. Deshalb habe ich meine Jenny und 'nen Job. Und Tom wohnt wieder in seinem Kinderzimmer bei Mami. Zwischen *Yps*-Heften, *Playboy*s und Konsolen.

Neun Monate sind vergangen. Tom ist kein Astronaut. Aber ich habe Jenny geschwängert. Deshalb bin ich mit Tom wieder unterwegs. Wir sitzen vor der *Wunderbar*. Wir trinken *Long Island Iced Tea*. Babypinkeln; mein Kleiner heißt Moritz. Wollte Jenny so.

Lukas ist auch da. Er raucht seine *Pall Mall*. Neben ihm seine Auszubildende. Charlene oder so heißt die. Sie schlabbert an seinem Ohr. Die Azubinen sabbern ihn immer voll. So ist das, wenn man selbstständig ist.

„Was macht denn deine Reise durchs Universum?“, will Lukas wissen.

Ich konnte meine Fresse nicht halten. Ich musste allen von Toms Spinnerei erzählen.

„In Planung“, meint Tom kurz angebunden.

Lukas fängt an zu sticheln: „Geheimprojekt, wa?“

Die beiden können sich schon lange nicht mehr ab; zwei verschiedene Welten. Die Jugendfreundschaft - Geschichte. Nur ich bin ihr Bindeglied. Sonst wären die sich scheißegal. So sehr verachten sie sich.

„Komm mit! Dann wird dir das Lachen vergehen“, meint Tom.

Er steht auf. Wir zahlen. Wir folgen Tom. Er stiefelt durch die Stadt. Tom hält ein Taxi an. Wir steigen ein. Wir fahren ins Industriegebiet, da wo die Mietgaragen sind.

„Dauert nicht lang", sagt Tom zum Taxifahrer.

Dann gehen wir durch die Garagen. An der 34 halten wir an. Tom zieht das Tor hoch. Er macht Licht: In der Garage steht etwas, halb Rakete, halb Raumschiff. Irgendetwas aus Metall. Drinnen viel Computerkrimskrams. Sieht aus wie ein Spielzeug.

„Haste auf dem Schützenfest geklaut", stichelt Lukas. Seine Charlene lacht und küsst ihn.

„Damit werde ich Astronaut. Das fliegt bald", meint Tom.

„Ja, auf den Schrottplatz", witzelt Lukas. Lachen. Wieder küsst ihn seine Charlene.

Ich lache nicht mit. Es ist traurig. Tom verliert langsam den Verstand. Tom hat nichts. Tom nähert sich der 40. Dabei keine Frau. Keinen Job. Nur seine Mutti. Und die paar Kröten, die ihm sein Alter vermacht hat. Und Tom? Er baut das Erbe zu Müll zusammen.

Wir fahren mit dem Taxi nach Braunschweig. In irgendeiner Bar besaufen wir uns mit Tequila. Auf Moritz!

„Das war eine scheiß Idee, Tom!"

Ich halte seine Hand. Er wird mir nicht antworten. Er liegt im Koma. Noch. Laut seiner Mutti wollen sie ihn morgen aufwecken. Dann wird man sehen, ob er noch alle Latten am Zaun hat. Obwohl, wer mit einem selbstgebauten Raumschiff auf die Autobahn fährt, um ausreichend Anlauf für einen Start zu bekommen und dann unter einen Sattelschlepper gerät, der hat definitiv einen an der Waffel.

Tom sieht auch echt mies aus. Sein Gesicht ist blau. Er wurde überall genäht. Aber er lächelt. Er sieht dann doch irgendwie zufrieden aus.

Eine Krankenschwester kommt herein. Sie erzählt mir irgendetwas. Ich höre ihr nicht zu.

„Ich werde jetzt los", sage ich mehr zu ihr, als zu Tom.

Und dann bin ich auch schon weg. Jenny hat Moritz und mich zu 'nem Babyschwimmkurs angemeldet. Ist jetzt schon das dritte Mal. Moritz hasst das Wasser und ich die anderen Väter. Die fühlen sich alle so super. Dabei sind die auch nur scheiße.

Jenny ist aufgeregt. Die Gäste kommen. Ihre Eltern, meine Eltern, ihre 3 Brüder. Meine Schwester hat abgesagt. Ist auf Mallorca. Und dazu noch Freunde. Die Mutti von Tom auch.

Sie klingelt als Erste. Sie mag Moritz. Sie schenkt ihm immer etwas zu Geburtstagen, Weihnachten und auch mal zwischendurch.

„Ist seit gestern 3 Jahre her", erinnert Toms Mutti an sein Verschwinden.

Ich nehme sie in den Arm.

„Irgendwann findet man ihn. Ganz bestimmt", meine ich.

Ich möchte mir gar nicht ausmalen, wie er jetzt aussehen mag oder besser, seine Überreste. Ich habe erst gestern 'nen Artikel auf *Spiegel Online* über so einen Clown gelesen, der sich vor 20 Jahren im Wald erhängt hat. Der ist auf 'nen Baum geklettert und hat den Strick so in der Baumkrone angebracht, dass ihn niemand finden konnte. Erst als der Baum gefällt wurde, hat man sich über das Skelett gewundert. So wird man auch Tom finden. Wer weiß, was er sich ausgedacht hat.

„Er wird zurückkommen. Sie werden ihn zurückbringen. Die haben ihn mitgenommen. Ganz sicher. Die Außerirdischen. Tom hatte so gute Pläne für ein Raumschiff. Das hat hier nur niemand verstanden. Aber die Außerirdischen, die schon", sagt Toms Mutti.

Wir setzen uns an den Tisch. Moritz wartet bereits, dass er den Kuchen anschneiden darf. Es ist eine Rakete. Moritz möchte eines Tages zum Mars reisen. Jenny liebt den Gedanken. Sie wäre gern die Mama eines Astronauten.

Maus

Das ganze Wageninnere vibriert. Die Scheiben drohen zu platzen. So auch mein Trommelfell.

„Beruhig dich, Junge!“, spreche ich Maus gut zu. Ich streichle seinen Kopf. Diesen dicken, schwarzen Kopf. Maus fletscht noch die Zähne. Dann leckt er mir durchs Gesicht.

Die Typen da draußen hat es verscheucht. Hatten Angst um ihren Pimmel. Angst, dass Maus ihn denen abbeißen könnte, während sie gegen mein Auto pinkeln.

Mit Maus auf dem Rücksitz hatten die Jungs nicht gerechnet. Die haben nur 'ne alte Frau auf dem Beifahrersitz gesehen. Pennend. Mitten in der Nacht. Ein gefundenes Fressen für die Halbstarken. Aber nicht mit mir und Maus.

Ich warte noch etwas. Dann leine ich Maus an. Autotür auf und Maus darf raus. Er wittert. Er schnüffelt. Den ersten Baum markiert er gleich. Der einzig vernünftige Kerl auf dieser Welt.

Schnell sind wir wieder im Auto. Ich kuschle mich unter meine Decke. Maus wirft sich auf den Fahrersitz. Er presst seinen dicken Rottweilerkopf dicht an meinen. Es wird Herbst. Lange werden wir nicht mehr draußen pennen können.

Ich bringe Maus zu meinem Bruder. Der hat 'nen Schrottplatz, da kann Maus tagsüber rumrennen. Da ist so ein kleiner Grünstreifen. Eingezäunt. Maus kann alles sehen. Maus kann jeden anbellen und knurren. Mein Bruder bestärkt ihn darin. Maus gefällt ihm. Er gibt ihn als seinen Wachhund aus. Er erzählt, dass Maus hier auch nachts sei. Dass Maus ein chronisch schlechtgelaunter Köter sei. Und das er alle Menschen bis auf ihn verachte.

Mein Bruder hat schon immer gern gelogen, aber nie gut. Deshalb hat ihn auch seine Frau verlassen, wollen seine Kinder keinen Kontakt mehr. Und hat er mich um 'nen Teil meines Erbes gebracht, als meine Eltern kurz nacheinander starben. Andere Schwestern hätten den Kontakt abgebrochen. Ich aber nicht, ich habe ja nur den. Und ohne den wäre ich ganz allein. Ja, da sind noch Tabea und Robert. Aber die beiden sollen nicht wissen, wie es um ihre Mutter steht. Oder was ihr Vater für ein Arschloch ist. Also bleibt nur mein Bruder für alles.

„Du kannst auch hier auf dem Schrottplatz pennen", meint mein Bruder.

„Es ist alles gut", sage ich.

„Aber allein auf so 'nem Parkplatz von 'nem Supermarkt. Ist doch nur 'ne Frage der Zeit bis dich einer vergewaltigt", wirft er ein.

„'ne alte Schachtel will keiner bumsen. Und wenn, dann habe ich ja Maus", entgegne ich.

Leider hat er recht. Typen ficken alles. Hauptsache, es hat Löcher. Ganz egal, ob sie will oder nicht. Ich kann davon ein Lied singen. Mein Mann will immer, wenn er voll ist. Und er ist fast immer besoffen. Besoffene widern mich an. Deshalb will ich nicht mit ihm, wenn er voll ist. Also will ich gar nicht mit ihm. Ihn stört das nicht. Er ist ein Riese. Er ist kräftig. Er packt mich einfach. Er behandelt mich wie ein Tier. Als wäre ich sein Besitz. Vor allem seit die Kinder aus dem Haus sind.

Ich dachte, dann würden wir wieder zueinanderfinden. Aber denkste. Nur noch Gewalt. Und wenn ich wieder nach Hause komme, geht es wieder von vorne los. Der wird sich nicht mehr ändern.

„Und wenn du doch mit 'nem Anwalt sprichst? Das ist Vergewaltigung. Auch in der Ehe darf der das nicht", sagt mein Bruder.

„Und die Kinder?", frage ich.

„Die sind aus dem Haus."

„Die sollen doch einen Vater haben."

„Die sollen mal schön wissen, was der für ein Arschloch ist. Und siehste ja bei meinen. Denen geht es blendend ohne mich. Am liebsten würde ich welche bei meinem Schwager vorbeischicken", sagt mein Bruder.

Ich wünschte, er würde jemanden bei meinem Mann vorbeischicken. Aber mein Bruder macht sich nicht die Finger schmutzig, er scheut Aufwand. Nur beim Schrottplatz unseres Vaters, da hat er mal alle Hebel in die Hand genommen, um mich zu hintergehen.

„Ich mache mich mal frisch", erkläre ich und verschwinde in einem Hinterraum des Büros. Hier pennt mein Bruder, seit er von seiner Ex rausgeworfen wurde. 'ne kleine Küche ist daneben und ein Badezimmer. Ich gehe ins Bad. Ich wasche mich. Schminke mich. Kämme mir das dünne Haar.

Ich hasse mein Spiegelbild. Ich sinke zusammen. Ich heule. Ich bin ein Witz. Ein ganz schlechter. Ich wasche mein Gesicht erneut. Ich schminke mich noch einmal. Ich behalte die Fassung.

Im Schrank von meinem Bruder habe ich eine frische Jeans und einen Kapuzenpullover. Ich muss nicht mehr weiblich sein. Ich brauch es nur noch bequem und schnell. Dann bin ich fertig.

Ich nehme mir 'nen Becher und fülle Kaffee rein. Dann stecke ich mir eine an und setze mich zu meinem Bruder ins Büro.

„Was Mama und Papa wohl sagen würden?“, frage ich.

„Keine Trübsal blasen. Alles wird gut. Immer. Und wenn es noch nicht gut ist, ist es noch nicht fertig“, faselt mein Bruder diesen verdammten Kalenderspruch, den er mal vor Jahren gelesen hatte.

Der Schrottplatz ist abgebrannt. Auch meine Jeans und meine Hoodies. Mein Bruder auch. Der hat alles angezündet. Ist dann dabei irgendwie gestürzt. Wollte die Versicherung prellen. Jetzt hat er sich selbst verarscht. Und mich. Deshalb bin ich wieder zurück. Ich habe ja nichts mehr. Ich kann ja nicht stinkend zur Arbeit. Und was mache ich mit Maus, während ich ackere? Ich kann ihn in der Wohnung lassen. Dann muss ich mich nicht sorgen. Also nicht um Maus. Um mich selbst muss ich mich hier immer sorgen.

Die Kinder waren während der Beerdigung meines Bruders zu Besuch. In der Wohnung wollten sie nicht schlafen. Es war ihnen zu dreckig und zu eng. Sie kennen noch unser Haus. Das war mir aber zu groß. Vor allem wegen unserem Schuldenberg. Tabea hat mir attestiert, dass ich furchtbar aussehen würde, und Robert hat den Alkoholkonsum seines Vaters auf den Punkt genau beschrieben. Die Rechnung für Roberts Fähigkeiten musste ich zahlen. Am Abend der Beerdigung meines Bruders wurde ich einmal durch die Wohnung geschleudert. Maus wollte mir helfen. Aber mein Mann hat sein Jagdgewehr geholt, es auf Maus gerichtet und mir zu verstehen gegeben, dass Maus keinen Scheiß bauen solle. Unter Tränen habe ich Maus ins Platz kommandiert. Während mein Mann in mich eingedrungen ist, hat Maus geknurrt. Aber Maus hört. Er ist ein braver Hund.

„Du siehst furchtbar aus! Geh bitte nach Hause und such 'nen Arzt auf. Das muss sich jemand anschauen", sagt mein Chef zu mir. Er meint meinen Arm. Ich kann ihn nicht bewegen. Bin doof gefallen. „Eine alte Schachtel sollte keinen neuen Sport ausprobieren", war meine Lüge. Er hat sie mir abgenommen. Er ist zu beschäftigt für die Wahrheit. Büromenschen haben immer etwas zu tun.

Ich tippe noch die letzten Datenreihen ein. Dann verschwinde ich. Ich kann mittlerweile ganz gut 10 Finger schreiben. Und mit 5 klappts auch. Nicht die Arbeitsergebnisse sehen scheiße aus, sondern wie ich sie anfertige. Mit hängendem Arm, schmerzverzerrtem Gesicht und einer angeschwollenen Nase. Irritiert die Kollegen. Verstehe ich schon, warum man mich nach Hause schickt.

Ich fahre nicht zum Arzt. Der wird wieder doofe Fragen stellen. Da habe ich heute keine Lust drauf. Das verschiebe ich auf morgen. Ich fahre in die Wohnung. Zum Glück hat mein Auto Automatik. Mein Arm drückt, als würde er explodieren wollen. Dann endlich der Parkplatz vorm Block. Ich schmeiße mir Ibos ein. Gleich 'ne Handvoll. Ich quäle mich die Treppe hoch. Ich höre Maus bellen. Der will bestimmt raus. Dann müssen wir halt. Er kann ja nichts dafür.

Ich öffne die Tür. Dann sehe ich, warum Maus bellt. Mein Mann ist schon zurück. Er ist besoffen. Voll wie ein Eimer. Er stupst Maus mit 'nem Besenstiel. Maus fühlt sich eingeengt. Erniedrigt. Er würde meinen Mann aber nur anfallen, wenn ich es befehlen würden. Wenn ich in Gefahr wäre. Maus ist gut.

„Da ist ja meine Schönheit", begrüßt mich mein Mann. Er küsst mich. Ich rieche seinen Atem. Ich würge.

„Jetzt ficke ich dir das Hirn raus. Darauf stehst du", lallt er. Schon schubst er mich aufs Sofa. Die Ibos betäuben mich. Ich spüre keinen Schmerz. Ich spüre keinen Mann.

Dann sackt er zusammen. Er liegt auf mir. Er ist schwer. Ich schaue in seine Augen. Sie sind offen. Sie bewegen sich nicht. Ich fühle Kälte. Es ist seine.

Ich schiebe ihn von mir. Er rutscht auf den Boden. Maus kommt. Maus schnuppert an ihm. Dann springt Maus zu mir aufs Sofa. Ich ziehe meine Hose hoch. Dann kuschele ich mich an Maus. Mein Mann liegt auf dem Boden. Heruntergelassene Hose. Erbärmlich. Leblos. Tot. Endlich.

Familie

Blick in den Kühlschrank. Wir brauchen Milch. Diesen Pudding für Vincent. Schokoriegel für David. Karotten. Aufschnitt. Und Michael freut sich bestimmt über 'ne Mettwurst.

Das Telefon klingelt. Unbekannte Nummer. Ich nehme ab.

„Hallo?"

Da atmet jemand. Ganz schwer. Ganz langsam.

„Hallo? Wer ist denn da?"

Wieder nur Atmen.

„Brauchen Sie Hilfe?"

„Ich …", meldet sich die Stimme.

„Ja? Sie?"

„Ich … ficke … ihn."

„Was?!" Mir läuft es eiskalt den Rücken runter.

Beruhige dich! Ist bestimmt nur ein Witz. Irgendwelche pubertierenden Jungs. Irgendwie im Alter zwischen Vincent und David.

„Ich … ficke … ihn … Uuuii … jaaa …"

Es ist die Stimme einer Frau. Kein Kleiner-Jungen-Scherz.

„Hören Sie auf!"

„Ich … ficke … deinen Mann. Ja, Micha! Besorg es mir, Micha! Komm Micha!"

Ich drücke sie weg. Mein Herz schlägt schnell. Es drückt sich fast durch meinen Brustkorb. Mir ist schwindelig. Alles dreht sich. Und wieder klingelt das Telefon. Wieder unbekannter Teilnehmer.

„Wir ficken immer wieder. Immer wieder."

„Hören Sie auf! Ich rufe die Polizei!", rufe ich in den Hörer.

„Ha,ha,ha. Du wirst Micha verlieren! Micha gehört mir! Nur mir!"

Ich drücke ganz lang die rote Taste. Das Telefon geht aus. Was war das? Wer war das? Was sollte das?

Das war fürchterlich. Das war gestört. Wer macht sowas?

Egal. Nur jemand Verrücktes. Jemand, der es lustig findet, andere zu verwirren. Michael ist mein Mann. Wir sind verheiratet. Wir haben zwei Söhne. Michael betrügt mich nicht. Der flirtet zwar. Aber er betrügt mich nicht. Appetit holt man sich woanders. Aber gegessen wird zu Hause. So sind die Männer. Die müssen gucken. Und ich schaue ja auch. Also durchatmen. Das hat keine Bedeutung.

Ich schnappe mir den Einkaufskorb. Portemonnaie. Schlüssel. In den Wagen. Zu Edeka.

Ich fahre wie 'ne gesengte Sau.

Konzentrier dich! Sonst verletze ich noch jemanden.

Parkplatz. Ich nehme 'ne große Lücke. Durchatmen.

„Hallo Claudia, wie geht's?"

Ich schrecke auf. Ich vergleiche die Stimme mit der der Anruferin von vorhin. Keine Übereinstimmungen.

„Habe ich dich erschreckt? Du siehst ja furchtbar aus. Ist irgendetwas?"

Ich überlege kurz. Ich will mit jemandem über die Geschichte reden. Das würde mir guttun. Da würde jemand sagen, dass ich das alles nicht zu hoch bewerten solle. Dass es ein blöder Spaß sei. Aber sowas bespreche ich nicht mit Lydia. Die Tratschtante. Dann weiß es bald das ganze Dorf. Und dann glauben alle, dass Micha 'ne andere hat. Dann schauen die. Egal wo. Und erst die Kinder. Was machen die mit den Kindern? Die reden. Und gerade die Jungs. Die sind in dem Alter, wo es die mitnimmt. Habe ich gerade erst 'nen Bericht im Fernsehen gesehen.

„Einfach schlecht geschlafen. Und wie geht's dir?", will ich wissen. Und Lydia nimmt die Einladung dankend an. Sie redet. Erst von sich. Dann von irgendwelchen anderen. Und sie redet und redet und redet. Ich höre nicht zu. Aber es ist angenehm, ihre Stimme wahrzunehmen. Wie sie die der Anruferin langsam aus meinem Kopf verdrängt.

„Und deshalb muss ich mich beeilen", sagt Lydia. Sie schaut auf das TK-Gemüse in ihrer Einkaufstüte. Sie verabschiedet sich noch. Dann verschwindet sie.

Der Einkaufswagen ist schnell voll. An der Kasse sehe ich das Elend – wieder mehr als wir eigentlich brauchen. Oder mehr als ich eigentlich einkaufen wollte. Aber mit meinen Männern kriege ich das schon weg. Die können essen. Die freuen sich über so ein Essen. Ich kenne meine Männer. *Meine* Männer. Die Jungs und mein Mann. *Mein* Mann. Nicht der von irgendeiner

Verrückten. Was fällt der ein? Die soll sich mal lieber zeigen. Dann geige ich der schon meine Meinung.

Die Kassiererin nennt den Betrag. Ich gebe ihr einen Schein. Kleingeld ins Portemonnaie. Schnell einpacken. Strukturiert. Selbstsicher. Ich habe mein Selbstbewusstsein zurück.

Vincent sitzt zu Hause am Küchentisch. Er stopft eine Pizza in sich hinein. Dabei spielt er an seinem Handy.

„Ich glaube, das Festnetz ist kaputt", meint er.

„Hatte ich ausgemacht."

„Habe ich mir schon gedacht. Hatte ich wieder angestellt. Aber das klingelt andauernd. Und dann ist niemand dran." Sofort sind meine Sorgen zurück.

„Niemand dran?", frage ich erschrocken.

„Ja, entweder ist da jemand zu doof zum Telefonieren oder das Telefon ist Schrott. Brauchen wir doch eh nicht. Haben doch jetzt alle Handys."

Mein Herz rast wieder. Es dreht sich alles. Ich muss mich setzen.

Er fasst mir in den Schritt. Seine Finger spielen an mir rum. Dann wollen die schon rein. Wie Einbrecher. Ohne Anklopfen. Mit Gewalt. Meint er nicht böse. Das sind halt die Triebe.

Ich drehe mich. Ich schnappe mir seinen Schwanz. Ich massiere. Er lässt die Finger von meiner Muschi. Er ist jetzt bei sich. Das mag er. Das gefällt ihm. Schon immer.

Er will. Er wirft sich auf mich. Liegt auf mir. Sein Schwanz berührt meine Muschi. Aber da wird nichts feucht. Da gleitet nichts rein.

Also probiert er es mit Lecken. Jetzt wird es nass. Ich stöhne ein wenig auf. Ich spiele ein bisschen. Warum kann ich nicht? Ich muss doch!

Und wenn sie echt ist? Wenn es stimmt? Dann muss ich doch um ihn kämpfen! Und das hier ist ihm so wichtig. Dann verliere ich ihn. Dann wird alles anders.

Er ist wieder über mir. Dann in mir. Das war mal so schön. Heute nicht. Es tut nur weh. Und dieses flaue Gefühl im Bauch. Als würde ich kotzen müssen. Als wäre dort ein Schwarm Motten in mir. Diese Grauen. Diese Hässlichen. Die, die meine Bluse zerfressen haben. Sie drücken sich vom Bauch in die Luftröhre und jetzt von innen gegen die Augen. Da kullert mir 'ne Träne raus. Und noch eine.

Er stöhnt. Er ist in seinem Element.

„Michael!" Damit übertöne ich mein Schluchzen.

Dann kommt er. Endlich. Stille. Er dreht sich weg. Er schnappt nach Luft.

„Du warst großartig!"

„Ist schön, dass die Jungs groß sind. So habe ich mir das vorgestellt."

„Ich vermisse die Zeit, wo sie klein waren."

„Du schon wieder."

Sie fehlt mir wirklich. Da brauchten die Jungs noch ihre Mama. Und jetzt? David schläft bei 'nem Freund und Vincent ist auf einer Party. Vielleicht knutscht er da mit einem Mädchen. Hoffentlich bricht sie ihm nicht das Herz. Er ist ja immer so sensibel. Auch wenn er nach außen immer den Harten markiert.

Ich gehe ins Bad. Ich wasche mich untenrum. Mein Spiegelbild schaut mich an. Das bin nicht ich, das ist jemand anderes. Das fühlt sich nicht an wie ich. *Ich*, das ist etwas anderes. Ist wer anderes. Das ist alles so fremd. So falsch. Als hätte man mich ausgetauscht. Oder das Leben um mich herum. Oder ist das Leben vorbei, so wie es war?

Wieder im Schlafzimmer. Michael schnarcht. Ich ziehe die Decke hoch. Ich kann nicht. Mein Herz schlägt zu sehr.

Dann höre ich die Haustür. Sie knallt. Dann poltert jemand die Treppe hoch: die Schritte meines Sohns. Betrunkene Schritte. Hat ihm schon jemand das Herz gebrochen? Hat er sich deshalb betrunken? Die Pubertät ist so schwer.

Vincent steht im Türrahmen unseres Schlafzimmers. Der Mond scheint hinein. Man sieht nur seine Umrisse.

„Liebling, alles okay?", flüstere ich.

„Fickst du eine Andere?", schreit er plötzlich. Der Alkohol macht Vincent mutig. Der ist so sonst nie.

„Schatz beruhige dich", sage ich. Ich knipse das Licht an. Ich sehe Vincent an. Er hat geheult. Viel geheult. Seine Augen sind richtig geschwollen. Und da ist diese Wut und diese Verzweiflung in seinen Augen. Mit diesen starrt er Michael an.

Wieder schreit Vincent: „Fickst du eine Andere? Verarschst du meine Mutter?!" Er ist jetzt so laut, wie ich meinen Sohn noch nie habe schreien hören.

Michael wird wach.

„Was ist denn hier los?" Er ist durcheinander.

„Ich will wissen, ob du eine andere fickst! Und dann auch noch so, dass es alle sehen können."

Mein Herz schlägt so schnell, es zerreißt fast meine Adern. Da ist so ein heftiger Druck in meinem Kopf. Es pocht. Gehen die beiden jetzt aufeinander los? Woher hat Vincent das? Das muss ein anderes Leben sein. Ich wurde ausgetauscht. Das sind hier nicht meine Männer. Die sind in irgendeiner parallelen Welt.

„Du bist besoffen. Werd erst mal nüchtern!", sagt Michael. Er setzt sich im Bett auf und schaut seinem Sohn in die Augen. Und der schaut zurück.

„Wenn das stimmt, bist du tot für mich!", wirft Vincent ihm entgegen. Dann zieht er ab. Ich höre nur seine Tür zuknallen.

„Wenn die nicht mit Alkohol umgehen können, sollen sie das Saufen lassen", meint Michael. Er dreht sich von mir weg auf seine Seite des Bettes. Dann schnarcht er wieder.

„Nur Kontrolle", wiederhole ich den Patienten. Ich suche den Namen im Kalender. Alles ist so verschwommen. Ich muss mich konzentrieren.

„Herr Huber, nehmen Sie noch einen Augenblick im Wartezimmer Platz."

Er hört auf mich. Wenn doch nur alle so auf mich hören würden.

Das Telefon klingelt.

„*Praxis Westphal*. Sie sprechen mit …"

„Ich ficke ihn. Dann mache ich dich fertig. Dann ficke ich ihn. Dann mache ich dich fertig. Dann ficke ich ihn. Oh, das wird so geil. Oh. Ja. Oh."

Es ist wieder diese Stimme. Sie wiederholt sich. Endlosschleife. Ich kann nicht auflegen.

Von hinten eine Hand auf meiner Schulter. Sie nimmt mir das Telefon ab, hört in den Hörer. Die drückt das einfach weg. Die Hand gehört Nadja. Meiner Kollegin.

„Was war das für ’ne kranke Sau?“

Ich kann nicht reagieren. Ich starre an die Wand. Verliere mich da irgendwo.

„Du bist ja kreidebleich. Das galt nicht dir. War irgendeine Bescheuerte. Vielleicht jemand, dem der Chef blöde kam.“

„Die meint mich“, versichere ich Nadja. „Die ruft auch zu Hause an.“

Wieder klingelt das Telefon. Nadja nimmt ab.

„Gleich ficke ich Michael. In eurem Bett. Bei dir. Gleich …“

„Jetzt hör mal zu, du dreckige Schlampe! Gleich ficke ich dich. Da rufe ich die Bullen! Wir kriegen deine Nummer schon raus! Mach dir mal keine Sorgen“, meint sie und legt auf.

„Das macht mich fertig. Wenn Michael mich betrügt“, stottere ich.

„Finde es heraus. Fahr nach Hause.“

„Wie?“

„Sofort. Ich übernehme. Merkt der Chef gar nicht.“

„Aber …“

„Kein Aber.“

Ich sitze im Auto. Wie lange kann man denn für 20 Kilometer brauchen?

Ich zittere. Ich nehme jemandem die Vorfahrt. Er bremst noch. Hupt. Zeigt mir den Scheibenwischer. Ich lächle verlegen. Weiter! Weiter zu uns. Dann in unsere Straße. Ich sehe Michael. Und auch Vincent. Sie gehen aufeinander los. Direkt vor unserem Haus.

Ich halte an. Steige aus. Sehe zu unserem Haus. Da sind auch schon Nachbarn. Sie schauen.

Michael ist voller Blut. Vincent ist voller Blut.

„Du hast sie umgebracht“, schnauzt Michael Vincent an.

Vincent brüllt: „Die hat es nicht anders verdient! Du hast es nicht anders verdient!“

Jetzt sehe ich das Messer in seiner Hand: das große Messer aus der Küche. Das für das Fleisch, das Filetmesser.

„Du wirst doch nicht deinen eigenen Vater umbringen?“, ruft Michael.

Vincent fuchtelt mit dem Messer.

„Vincent! Michael!“, schreie ich. Dann kommt David aus dem Haus gerannt. Auch er ist voller Blut.

„Sie ist tot! Sie ist tot!“ Er ist total außer sich. Er weint. Dann läuft er zu Michael und Vincent.

„Stopp! Hört auf! Wir sind doch eine Familie“, schluchzt David. Er schiebt sich zwischen die beiden.

Dann Sirenen. Lautes Martinshorn. Polizei. Rettungswagen. Jemand von den Nachbarn muss sie gerufen haben.

Vincent senkt seine Hand, lässt das Messer fallen. Polizeiautos rasen an mir vorbei. Michael will sich auf Vincent stürzen. Er schubst David beiseite. Der taumelt in Richtung Straße. Zum Polizeiauto. Das will bremsen.

„David!“ Ich laufe auf meinen Jungen zu. Ich ziehe ihn an mich. Der starrt mich an. Er atmet durch. Ich drücke ihn fest.

Mein älterer Sohn liegt auch auf dem Boden. In Handschellen. Überall sind Sanitäter. Polizisten. Von überall kommen sie. Wie Ameisen. Ganz viele. Ganz schnell. Irgendwer spricht mit mir. Und ich, ich verliere den Halt. David! Vincent! Micha! Und alles ist schwarz.

Raus mit der Wahrheit

„Weißt du noch?", fragt mich Marc. Er fragt noch genauso wie damals. Er kneift die Augen zu winzigen Schlitzen zusammen. Schiebt die Unterlippe wie ein Blöder nach vorn.

Natürlich weiß ich noch. Natürlich kann ich mich noch erinnern. Deshalb bin ich Marc auch aus dem Weg gegangen. Immer. Ich habe ihn mal in der Stadt in meine Richtung schlendern sehen. Ich bin lieber in eine Änderungsschneiderei gegangen, als mit ihm zu quatschen. Im Freibad habe ich meinen eigenen Tauchrekord gebrochen, als ich Marc eine Bahn schwimmen sah. Und beim Chinesen habe ich vor Lisa einfach erbrochen. Das Restaurant war voll und Lisa entsprechend peinlich berührt. Aber alles war besser, als Marc wiedersehen zu müssen.

„Ich kriege es nicht heraus aus meinem Kopf", sage ich.

Der Barkeeper schenkt mir Wodka nach.

„Das werden wir nie. Damit müssen wir leben. Bist du mir deshalb all die Jahre aus dem Weg gegangen?"

Ich bleibe stumm. Marc zieht seinen Wodka weg. Wie in den guten, alten Zeiten. Wie mit Anfang 20.

„Ich hätte dich gebraucht", sagt er.

„Ich konnte dich nicht sehen."

„Verstehe ich."

„Tut mir leid." Ich meine es ehrlich.

Der nächste Wodka folgt. Und es bleibt nicht der Letzte. Die *Esplanade* wird leerer. Was abzuschleppen war, wurde abgeschleppt. Es tanzen noch ein paar Mädels, die allein bleiben wollen und Kerle ertränken ihre vertanen Chancen an der Bar.

Marc und ich ertränken unsere Erinnerungen.

„Ich will da jetzt hin. Warst du schon mal wieder dort?", fragt er.

„Nein."

„Ich schon. Habe mir fast in die Hose gekackt. Und seitdem vermisse ich dich. Wir waren doch Freunde. So etwas schweißt doch zusammen."

„Oder es zerstört", erwidere ich.

Ich habe Angst, dass ich mir etwas eingestehen muss. Angst vor der Wahrheit. Angst vor dem Urteil. Angst vor der Konsequenz.

„Lass uns los!“, fordert Marc jetzt mit dieser Rücksichtslosigkeit, die ich immer verachtet habe. Er steht auf.

Ich will da nicht hin. Das weiß ich. Ich werde auch nicht dahin zurück. Ich will das verdrängen. Ich will das nie erlebt haben. Ich werde mich draußen einfach verpissen. Marc weiß nicht, wo ich wohne. Er wird mich nicht aufsuchen können. Da bin ich mir sicher.

Ich sehe Marc. Er läuft gegen so 'nen Typen auf der Tanzfläche. Der schubst Marc. Marc holt aus; er verpasst ihm eine. Andere stürmen hinzu. Ich jetzt auch. Ist wie so ein Impuls. Ein Instinkt, den ich dachte überwunden zu haben. Wie lang habe ich mich nicht mehr geprügelt? Seit Marc aus meinem Leben ist. Lisa kennt mich nicht als Schläger. Sie kennt auch Marc nicht. Sie würde diese Seite von mir und diesen Umgang verachten. Da kenne ich Lisa. Sie ist 'ne Gute. Sie ist *meine* Gute.

Es müssen vier sein. Ich haue dem einen eine auf dem Hinterkopf. Marc kann sich lösen. Er bringt drei auf den Boden. Ich schaffe meinen einen. Dann sind da um uns herum die Türsteher. Die ziehen Marc und mich heraus. Hoffentlich wehrt sich Marc nicht gegen die.

Macht er nicht. Sie setzen uns wie Teenager vor den Eingang. Die Sonne ist schon aufgegangen. Es riecht nach Neuanfang.

„Hausverbot“, meint der eine Türsteher.

„Die haben doch angefangen“, meint Marc.

„Soll ich die Bullen rufen?“

„Natürlich nicht“, antwortet Marc.

„Dann verpisst euch! Aber schnell.“

Wir sammeln uns gegenseitig auf. Dann taumeln wir die Straße entlang.

„Wie früher, als alles noch einfacher war“, sagt Marc. Er legt seinen Arm brüderlich um mich.

„Wir sind keine 20 mehr.“

„Auf dem Papier.“

„Du hast nichts gelernt. Gar nichts!“, werfe ich Marc entgegen. Ich winde mich aus seinem Arm.

Dann laufe ich. Ich merke den Wodka. Ich merke die Müdigkeit. Aber ich laufe. Ich drehe mich nicht um. Und dann steht da dieses Fahrrad vor der Berufsschule. Sieht nicht abgeschlossen aus. Wirkt wie bereits geklaut. Ich gehe das Risiko ein, schwinge mich auf den Sattel, trete in die Pedale. Ich fahre.

Erst dann drehe ich mich zum ersten Mal um. Da ist kein Marc. Er ist weg. Und ich fühle mich besser. Denn wo kein Marc ist, ist auch keine Auseinandersetzung mit der Vergangenheit. Da zählt nur das Hier und Jetzt und ein klein wenig das, was noch kommen mag. Aber die Vergangenheit ist vorbei. Ist Geschichte. Ist belanglos.

Das Rad stelle ich zwei Ecken von meinem Block ab. Vor der Tür rauche ich noch eine. Irgendwann holt einen alles ein. Auch wenn ich glaubte, dass das mit Marc anders sei.

Lisa streichelt meinen Bauch. Oh, wie ich Samstage liebe! Ausschlafen, im Bett liegen, Sex haben. Und den werden wir gleich haben. Wir wollen es versuchen. Wir versuchen es. Lisa und ich wollen ein Kind. So ein kleines Abbild von uns. Und deshalb haben wir viel Sex. Ganz viel. Und an so vielen unterschiedlichen Orten. Wir haben immer Lust. Oh, wie ich diese Frau liebe!

Es klingelt an der Tür. Lisa hört auf, mich zu streicheln.

„Mach weiter“, meine ich.

„Da ist jemand an der Tür.“

„Egal.“

„Hast du etwas bestellt?“

„Ja.“

„Willst du dann nicht runter und es entgegennehmen?“

„Das stellen die schon vor der Tür ab.“

Lisa macht weiter. Dann klingelt es wieder. Sie unterbricht.

„Ich habe 'ne Latte“, sage ich.

„Und ich keinen BH an.“

„Deine Herausforderung ist schneller zu lösen“, entgegne ich ihr. Es klingelt erneut. Lisa zieht sich schnell etwas an. Dann ist sie an der der Tür.

„Du bist ...?“, höre ich eine Stimme fragen.

„Lisa, ich wohne hier. Und du willst das wissen, weil ...?“

„Weil ich zu Tilo will."

Jetzt erkenne ich die Stimme. Es ist Marc. Sofort ist die Latte verschwunden und ich aufgesprungen. Ich hechte zur Tür.

„Woher weißt du, wo ich wohne?"

„Guten Morgen erstmal", sagt Marc.

„Ihr regelt das schon. Ich gehe zurück ins Bett. Erklärs mir später", sagt Lisa und geht wieder zurück ins Schlafzimmer.

„Was willst du hier?!", will ich wissen.

Ich sehe Marc an. Er sieht furchtbar aus. Und er stinkt nach Alkohol. Er muss die Nacht durchgemacht haben.

„Zu dir. Ich kann damit nicht mehr allein leben", sagt Marc. Ich würde ihm gern die Tür vor der Nase zuschlagen. Aber er würde nicht verschwinden.

„Warum gerade jetzt?", will ich wissen.

„Der Druck wird immer größer. Ich pack das nicht mehr! Ich träume nur noch von den Schreien. Immer wieder. Immer."

„Aber was wollen wir machen?"

„Sie da rausholen. Ich träume davon, dass sie raus will. Das sind wir ihr schuldig. Wenigstens das. Nach alldem, was wir ihr angetan haben."

Marc spielt jetzt den Heiligen. Auch ich höre die Schreie. Auch ich sehe immer wieder, was wir ihr angetan haben. Wie wir über sie hergefallen sind wie die Tiere. Erst war es ein Spaß. Erst fand sie es lustig, wie wir um sie buhlten. Wie wir prahlten. Wie die Pfauen.

Aber dann wurde es ernst. Als wir sie anfassten. Als wir sie berührten. Als wir nicht mehr aufhörten. Und ihr die Hose runterzogen. Und uns die Hose runterzogen. Und in ihr waren. Er von hinten. Ich von vorne. Und wir sie fragten, wer besser sei. Und sie weinte. Wir beide unsere Hände um ihren Hals hatten. Und sie nicht mehr antwortete.

„Wir sind abscheulich", stelle ich fest.

„Das sind wir."

„Wie können wir weiterleben?"

Marc heult jetzt. Es ist ein heuchlerisches Weinen. Ich kann das beurteilen, weil ich auch heule. Weil auch ich heuchlerisch bin. Wir müssen laut heulen. Lisa steht auf einmal neben uns.

„Alles gut bei euch?", will sie wissen.

„Ich muss mit Marc weg", sage ich zu ihr.

Ich springe schnell in irgendwelche Klamotten und schnappe mir die Autoschlüssel. Lisa versucht, mich zum Abschied zu küssen. Ich kann nicht. Ich habe diese Bilder im Kopf. Lisa will mich umarmen. Aber ich will sie nicht berühren, mit den Händen eines Mörders. Ich muss Lisa aus dieser Situation befreien. Sie soll nicht mit zwei Vergewaltigern und Mördern in einem Raum sein.

„Es tut mir leid", sage ich zu ihr.

„Was tut dir leid? Was soll das?", fragt sie.

Ich lasse sie einfach stehen. Marc und ich gehen das Treppenhaus herunter zu meinem Auto. Marc nimmt 'ne Flasche Wodka mit. Die hat er wohl vor seinem Besuch vor der Haustür abgestellt. Er reicht sie mir. Ich nehme 'nen Schluck. Es geht jetzt nicht mehr ums Vergessen. Es geht jetzt ums Ertragen. Oder ums Akzeptieren. Im Augenblick erscheint mir beides unmöglich.

Ich könnte wieder losheulen. Wie ein Schlosshund. Es überkommt mich einfach. Und dann schreie ich fast. Und die Tränen laufen. Aber ich wurde schon mal gemaßregelt. Die haben mir schon 'ne Geldstrafe deshalb aufgebrummt. Die Richterin ist da kompromisslos.

Aber mir geht so viel durch den Kopf. Gerade Lisa. Sie ist nicht hier. Sie ist nicht in diesem verdammten Gerichtssaal. Sie will nichts mehr von mir wissen. Dabei war sie doch mein Halt. Mein Mittelpunkt. Und das Kind. Diese ungeborene Lisa und ich. Lisa wollte es nicht. Sie hat es nicht zugelassen. Sie hat abgetrieben. Und damit unsere Liebe. Einfach weg. Biomüll.

„Soll ich eine weitere Geldstrafe aussprechen?", mahnt die Richterin. Sie hat keinerlei Verständnis für mich oder dass mein Leben in Scherben vor ihr liegt.

Ich schniefe. Ich ziehe die Nase hoch. Ich reiße mich zusammen. Ich schweige.

Jemand spricht und ich versuche, zuzuhören. Da wird etwas über Beweise, Motive und den Tathergang gesprochen. Aber das ist alles so weit weg. So surreal. Und überhaupt – es ist dazu bereits alles gesagt, was es zu sagen gibt: Ich habe die Tat gestanden. Und Marc auch.

Wir haben es getan. Wir haben Katharina an diesem einen Freitag vor 8 Jahren getötet. Beim Vergewaltigen haben wir sie erwürgt. War es Absicht? Nein. Ändert das irgendetwas? Auch nicht. Ich bin ein Schwein.

Mein Anwalt erzählt immer etwas von „freiwillig mitgegangen". Ja, sie ist freiwillig mit uns zu diesem verlassenen Haus gegangen. Sie wollte mit uns den Sonnenuntergang sehen. Wollte eine andere Art von Spaß haben. Eine unschuldige Art von Spaß. Wir nicht. Wir waren von unseren Trieben gesteuert. Gemischt mit Alkohol. Überheblichkeit. Und Konkurrenz. Ihr NEIN überhörten wir.

„Der Angeklagte gibt an, dass ...", sagt die Staatsanwältin. Und sie berichtet davon, was ich gestanden habe. Wie Katharina leblos in meine Arme fiel. Wie ich trotzdem gekommen bin. Irgendwo zwischen ihrem Noch-Leben und Schon-Tot-Sein. Und wie Marc und ich panisch wurden. Wie wir besoffen zu Marcs Chef sind. Wie wir Beton, Werkzeug und Steine geklaut haben. Wie wir Katharina in diesem verlassenen Haus einmauerten.

Ich sehe in die Zuschauer. Mama ist auch nicht da. Sie kann das nicht. Mama will das nicht glauben. Sie schreibt mir nicht, besucht mich nicht. Nur Papa ist da. Er weicht meinen Blicken aus. Er starrt ins Leere, ist den Tränen nahe. Aber immerhin ist er da. Das bedeutet mir was. Papa lässt mich nicht allein.

Und da sind auch die Eltern von Katharina. Die Mutter heult nur. Tränen laufen. Sie darf weinen, sie wird nicht von der Richterin bestraft. Ich habe ihr alle Freude genommen. Ich habe ihr alles genommen. Und ich habe *mir* alles genommen. Mein ganzes Ich.

Da sitzen auch die beiden Brüder. Etwa mein Alter. Sie starren mich an. Böse. Wütend. Vorwurfsvoll. Sie machen mir Angst. Sie schauen, als hätten sie etwas vor. Als würden sie sich rächen wollen. Bitte macht es! Bitte rächt euch an mir! Ich habe es nicht anders verdient.

„Wollen Sie noch etwas sagen?", fragt mich die Richterin.

Ich schüttele den Kopf. Ich will nie wieder etwas sagen. Ich verdiene es nicht, gehört zu werden. Ich will mich nur verkriechen. In einem Loch. Eine Zelle wäre zu viel Luxus.

Die Zeit vergeht. Ich lasse alles geschehen. Dann bin ich wieder im Gericht. Das Urteil wird verkündet. Die Brüder schreien etwas von Ungerechtigkeit, reißen sich los. Einer kommt ganz dicht zu mir. Endlich wird die Erlösung folgen. Endlich werde ich sterben. Töte mich!

Die Beamten sind schneller. Sie sind stärker. Die Brüder liegen auf dem Boden. Die Mutter heult. Der Vater auch. Und auch mein Papa kann seine Tränen nicht unterdrücken. Ich werde abgeführt. Alles ist vorbei. Ich bin schuld. Ich.

Filmriss

Alles riecht nach Kacke. Nach nasser und fauliger Scheiße. So ein Schiss aus Tiefkühlpizza, Zwiebelringen, zu viel Bier und Nutella-Sandwiches. Ungesunder Müll halt, den der Darm rauspressen will. Und irgendwie werde ich den Geruch nicht los. Wie ein Abfalleimer. Ich kann nicht ändern, was ich bin. Ich kann es nur akzeptieren.

Ich gehe noch mal aufs Klo. Ich wische mir noch einmal den Arsch ab. Nicht, dass irgendwie was hängengeblieben ist, sich hinter den Hämorriden versteckt hält. Aber nein, das Toilettenpapier bleibt blütenweiß. Es muss mehr ein bildliches Stinken sein. Weil ich mich dreckig fühle. So verlogen dreckig. So nutzlos dreckig. Halt so versoffen. Aber irgendwie kann ich dieses Gefühl noch nicht mit Erlebtem zusammenbringen. Einfach, weil ich so einen miesen Filmriss habe. Alles noch so richtig abgefuckt fragmentarisch ist.

Gestern fand ich noch alles geil. Meine Gedanken. Meine Fresse und generell alles, was mit mir zu tun hat. Und alles andere war so winzig. So nichtig.

Heute ist alles umgekehrt. Alles andersherum. Jetzt bin ich der Schmutz.

Deshalb will ich nicht vor die Tür. Das macht mir irgendwie Angst. Ist so bedrohlich laut und schnell und besser.

Aber ich muss. Die Maloche. Der Hunger. Der Alltag.

Wie kann man auch nur so dämlich sein und sich an 'nem Sonntag besaufen? Wie nur? Die Zeit hätte ich auch mit der Familie nutzen können. Mit dem Lütten mal Zeit verbringen. Oder mit der Frau 'nen Happen essengehen. Aber der Junge will eh nichts mehr mit dem Alten zu tun haben. Bin ihm peinlich. Und die Frau? Die redet darüber, was machen zu wollen. Und wenn wir dann was machen, redet sie nicht. Starrt nur herum, schweigt und stochert in ihrem Salat.

Okay, gestern war Fußball. Dabei kotzt mich das Gekicke doch an. Aber Rocko hat gefragt. Und ich mag Rocko. Und im Stadion gibt's immer Bier. Und ich mag Bier. Also bin ich mit Rocko dahin.

Keine Stehplätze. Wir haben gesessen. Da konnten wir gleich immer zwei Bier holen. Mussten ja weniger aufpassen. Die Biere konnten wir unter dem Sitz lassen. Und in 10 Minuten ist es unwahrscheinlich, dass so ein Bier von jemandem umgekippt wird. Ist in der Kurve schon wahrscheinlicher. Da hampeln ja alle rum wie die Kinder.

Vor der Haustür redet mein Nachbar mit mir. Er quatscht etwas von gestern. Ob es ein Elfer war. Ob die den Schiri geschmiert hätten. Und ob und ob und ob.

Ich habe keine Ahnung. Da war etwas. Da haben sich alle aufgeregt. Aber ich war lieber Bier holen und welches wegbringen. Und alle haben geschrien. Wie die Affen. Und gepfiffen. Wie so ein ätzender Vogelschwarm.

Ich setze mich ins Auto. Er quatscht noch weiter. Alles dreht sich. Ich dürfte noch gar nicht. Aber ich muss. Will ja nicht unpünktlich sein. Bin eh schon drüber. Aber wegen den 10 Minuten wird schon keiner was sagen.

Macht auch keiner. Auf Arbeit. Andy lässt seinen Frühschiss raus. Rita quatscht mit Benno bei 'nem Kaffee und die anderen surfen im Internet. Internetseiten, die man nur bei der Arbeit aufruft, weil sonst zu langweilig. Auch ich schaue kurz auf *Spiegel Online* und *Sport Bild*. Und die haben tatsächlich 1 zu 0 verloren wegen diesem Elfmeter. Und ich habe es nicht mitbekommen.

Der Chef kommt. Er ist nicht so koksgutgelaunt wie sonst. Seine Alte hat ihm bestimmt keinen geblasen.

„Du hast noch die Nerven?", fragt er mich.

„Wie?", will ich wissen.

Mir platzt der scheiß Schädel. Ich rieche wie Kacke und jetzt will der Fatzke noch irgendetwas. Keine Ahnung was. Mir fällt es schwer, mich zu erinnern. Ist alles so vernebelt. Irgendwie habe ich Bock auf 'ne Kippe. Zeigt, dass es mir langsam besser geht. Wenn ich wieder rauchen kann, verschwindet der Kater. Ist immer so. Das ist das Wenige, das gut ist am Kater. Er gleicht aus, wie ich meinen Körper gestern gefickt habe.

„Komm mit!", fordert der Chef von mir. Er geht in sein Büro. Sein scheiß schneller Schritt kotzt mich an. Er ist so dynamisch. Dabei ist er so alt wie ich. Der Arsch muss sich den ganzen Tag zuballern. Sonst wär der nicht so drauf. Sonst wär er nicht so gut. Das Zeug sollte ich auch nehmen. Aber ich mag Bier. Zumindest mochte ich es gestern. Heute dreht sich bei 'nem Gedanken an ein Pils schon der Magen um.

„Tür zu!"

Er hängt seinen Mantel auf.

„Dir ist klar, dass wir nicht mehr zusammenarbeiten können, oder?"

Ich verstehe nur Bahnhof. „Was?"

„Keine Entschuldigung?", fragt er weiter.

„Für?" Ich habe keine Ahnung, welcher Film hier läuft.

„Ich würde mein Kind ficken. Einmal über die ganze Tribüne hast du das gerufen. Mit Fingerzeigen", sagt mein Chef. Dann ist er wieder da. Dieser Film. Dieser Ausschnitt. Nicht gelöscht wie dieser Elfer. Abgespeichert und jetzt für immer. Scheiße. Was habe ich mir dabei gedacht? Keine Ahnung. Aber es ist gesagt. Es lässt sich nicht mehr rückgängig machen. Und ganz ehrlich, ich kann den Penner nicht ab. Den brauche ich nicht. Sollen die mich doch rausschmeißen! Ach ne, können die nicht. Betriebsrat und so. Dann soll er das mal beweisen. Im Zweifel für den Angeklagten. Mal schauen, wie der Idiot das lösen will.

Er guckt mich aufmerksam an. Ich halte die Schnauze. Ich würde jetzt am liebsten kotzen. Und nicht wegen dem, was ich ihm an den Kopf geschleudert habe, sondern weil mir verdammt übel ist.

„Tatsächlich? Kein Wort? Okay. Dann geh bitte nach Hause. Ich habe etwas zu klären. Mit der Personalabteilung. Mit dem Betriebsrat. Ich kann dich heute nicht mehr sehen", sagt er. Er ist wütend.

„Okay", antworte ich. Soll ich ihn fragen, ob das bezahlt ist? Keine Ahnung. Auch egal. Ich kann zurück in die Koje. Meine Alte ist arbeiten und der Junge in der Schule. Sturmfrei. Auskurieren. Eigentlich sollte ich mir auf die Schulter klopfen.

„Arbeitsabbruch", schmeiße ich 'ner Kollegin entgegen. Sie nickt. Sie wäre auch lieber zu Hause.

Ich quäle mich in den Wagen. Ich fahre. Rot. Ich bremse scharf. Fast wäre ich dem davor hinten draufgeknallt. Die Türen gehen bei dem auf. Fahrer und Beifahrer. Erst werden die nach irgendeiner Macke suchen und dann nach Streit. Die sind so. Es ist ein Kerl und 'ne Tussi. Die freuen sich bestimmt jetzt schon, dass ich ihren Mallorca-Urlaub finanziere. Aber nicht mit mir. Denen werde ich schon sagen, dass da nichts geknallt hat.

Der Kerl kommt direkt auf mich zu. Er klopft gegen das Fenster.

„Setz dich wieder in deine scheiß Karre!"

Ich gucke böse. So muss man mit 'nem Arsch umgehen. Gleich auf den Pott setzen. Vor allem vor seiner Alten. Dann wissen die gleich, dass mit mir nicht gut Kirschenessen ist.

Dann hält er mir was vor. Dann sagt er, was da steht. Er ist ein verdammter Bulle. Ich soll aussteigen. Ich soll Papiere zeigen.

„Haben Sie etwas getrunken?", fragt er.

„Nicht heute", sage ich und lache. Er schaut mich aufmerksam an. Irgendwie schauen mich heute alle ganz aufmerksam an. Ich will es anders machen als bei meinem Chef. Ich erzähle dem Bullen von gestern. Ich darf pusten. Verdammt. 1,7 Promille.

Ich darf nicht weiterfahren. Und meinen Lappen habe ich auch abgegeben müssen. Die Polizistin fährt meinen Wagen an den Straßenrand. Dann muss ich mich zu denen in den Wagen quetschen. Die bringen mich erst zum Blutabnehmen ins Krankenhaus. Dann nach Hause. Da sacken die meinen Führerschein ein. Was für ein Horror.

Und der Horror geht weiter. Meine Frau ist schon da. Ihre Karre steht auf der Einfahrt. Die wird Alarm machen. Das wird gleich Vorwürfe hageln. Gestern gesoffen und auf dem Sofa gepennt. Heute mit den Bullen zurück. Von der Arbeit ganz zu schweigen. Darüber darf ich kein Wort verlieren.

Sie ist nicht allein. Ihre bescheuerte Freundin ist dabei. Die, die immer alles besserweiß, weil sie sich besser fühlt. Sie arbeitet im Steuerbüro. Deshalb hält sie sich für gerissen.

„Das passt ja. Wir wollten gerade zu Ihnen", ruft die Freundin den Bullen entgegen.

Dann sehe ich meine Frau. Sie sieht mich an. Sie ist nicht wütend. Sie hat Angst. Ich sehe nur ihr blaues Auge. Und hinter ihr der Junge. Er hat eine aufgeschlagene Lippe. Er versteckt sich am Rockzipfel seiner Mutter. Sein Blick schon fast panisch.

Es schießt mir durch den Schädel. Es ist zurück. Gestern. Der Elfmeter. Mein Chef. Und alles, was ich danach getan habe.

Tiere

Ich stecke mir noch eine an. Wie alle. Wir rauchen immer zwei. Immer. In der Hoffnung, dass das Nikotin nicht verfliegt. Die Wirkung im Körper bleibt. Die Schwere danach ausbleibt. Dieses Zerdrücktwerden. Dieses Alles-Wahrnehmen.

Nachdem Jörn vor drei Jahren die letzte Kippe geraucht hatte, hat er uns immer vollgequatscht, dass er alles besser riechen könne. Dass Erdbeeren so ganz anders schmecken. Schokolade und Hamburger sowieso.

Trotzdem hat er sich die Rübe weggeballert. Mit 'nem Jagdgewehr von seinem Alten. Die Kugel ist direkt durch seinen Schädel. Deshalb war er erst nur hirntot. Sie haben die Geräte dann nach drei Wochen abgestellt.

Ich bin hin. Noch mal zwei, drei Worte am Bett zu ihm. Sah aus, als würde er schlafen. Wie nach 'ner Pulle Jim Beam auf meinem Sofa. Die haben ihn so verbunden, dass man den Einschuss nur erahnen konnte. Hätte auch 'ne Verletzung von 'nem Kopfballduell sein können.

Hätte er weitergeraucht, würde er noch leben. Scheiße. Und das alles wegen seines Jobs. Weil er den Alten nicht mehr schneller den Arsch abwischen wollte. Er wollte wenigstens etwas mit denen reden. Jörn konnte schon immer gut mit den Alten.

Ich war nur beim Schlachten gut. Da konnte ich lernen. Dann musste man nur zusehen und ein bisschen zuhören. Aber da haben die Alten wenigstens nicht so ein erhabenes Zeug von sich gegeben. Sondern praktische Informationen. Wohin man bei einem Karnickel schlagen muss, dass beim Abziehen nicht der Kopf im Fell stecken bleibt, zum Beispiel. Oder wo man den Bolzen bei 'nem Rind ansetzt. So ein Vieh soll ja human verrecken. Man hat es ja ein paar Monate bei sich gehabt. Gehörte sozusagen zur Familie. Da will man es nicht unnötig quälen. Sagten die Alten.

Konnte ich nachvollziehen. Niemand will Qualen erleiden. Deshalb sauber töten. Und schnell.

Danach gab es immer die erste Runde Schnaps. Bier sowieso zwischendrin. Hat Spaß gemacht.

Schlachten und Wurstmachen war schon immer mein Ding. Vor allem in der Gemeinschaft. Zusammen etwas schaffen. Und das auch noch über die Generationen hinweg. Man hatte ja sonst nichts gemeinsam und hat es auch heute nicht.

Nur beim Essen, da sind wir alle gleich. Haben ja alle Hunger. Da haben wir alle Geschmack. Und wenn es der Gleiche ist, dann spielt das Alter auch keine Rolle.

Also bin ich Schlachter geworden. Oder Metzgermeister. Beim Hofstätt Junior gelernt. Und als der dichtmachen musste, musste ich halt hier hin. Auf diesen verdammten Schlachthof. Die brauchten 'nen Teamleiter. Einen mit Erfahrung. Einen, der Deutsch kann. Einen, der mit denen da oben reden kann.

In meinem Team ist nur einer Deutscher. Das bin ich. Die anderen sind Rumänen oder Bulgaren oder so. Keine Ahnung. Die verstehen keine Sprache von hier. Also, keine mit Worten. Nur mit dem Körper. Zeichen und so. Und ich zeige denen jetzt, dass wir die Kippen fallenlassen.

Wir machen weiter tot. Die nächsten Schweine stehen an. Die wollen in die Kammern. Das übliche Desinfizieren und dann geht's weiter.

Es quiekt. Dann nicht mehr. Unser Zeichen. Die Stille ist unser Startsignal. Dann rattert es. Und die Schweine kommen angefahren. Sie hängen. Und wir legen los. Wir stechen zu. Ich passe auf. Jedes Schwein muss gestochen werden. Gerade die, die noch zittern. Die, die nicht richtig betäubt wurden. Da muss es schnell gehen.

Der neue Kerl kriegt es nicht hin. Sticht daneben. Das eine Schwein zappelt wie ein Aal am Haken. Es quiekt. Die sparen wieder an der Dosierung. Passiert wieder häufiger. Und wir müssen uns den Scheiß antun. Und ansehen. Ist nämlich gar nicht so angenehm, wenn man da so ein Tier panisch sieht. Die Augen sind so weit aufgerissen und die zucken. Die hoffen noch. Die glauben, die könnten sich retten.

Der Neue steht da. Wie ein Idiot.

„Du bist ein Idiot! Ein Blöder!" Er versteht mich nicht. Ich hätte ihn auch Arschloch nennen können.

„Pass auf", sage ich zum ihm. Ich schaue ihn an. Dann ziehe ich das Messer. Und verdammt. Der Neue geht zu Boden. Ich habe ihn getroffen. Sofort stürmen andere Kollegen herbei. Sie murmeln etwas. Sie schreien. Ich verstehe nichts. Ich schreie jetzt auch: „Hilfe!“

Er hat es überlebt. Die Schutzkleidung hat ihren Zweck erfüllt. Einen tiefen Schnitt am Arm. Nicht auf Knochen. Musste genäht werden. In vier Tagen steht er wieder da. Wird ihm eine Lehre sein. Auch mir. Ich muss mehr aufpassen. Machen wir etwas zu oft, werden wir wie die Tiere. Wir machen es dann instinktiv. Das darf mir nicht passieren.

Ich bin ein Mensch …

Row Zero

„Ist doch schon echt krass. Berührt mich richtig. Scheiß drauf, was andere meinen“, tippe ich in den Chat.

Es dauert nicht lang und ich habe ein Herz verdient. Ein Danke für meine Worte. Ein ‚*made my day*‘ und weiterer Scheiß.

Ich will nur noch meinen *Jim Cola*. Mehr nicht. Und eigentlich nur schreiben. Nur tippen. Oder Bernemann lesen. Aber Abfuck. Mein Kopf quält sich mit dem Alltag. Fürs Schreiben muss ich arbeiten. Vom Schreiben kann ich nicht leben. So 'ne Wahrheit, die ich nie glauben wollte.

Mehr *Jim*. Weniger Worte. Kein Hemingway. Einfach nur ein versoffener Typ. Ob es so etwas wie Genie tatsächlich gibt? Das bezweifle ich. Und Glück? Bezweifle ich auch. Wenn, dann nur das Glück, aus der richtigen Fotze im richtigen Land gekrochen zu sein.

Ich bin zwar im richtigen Land, aber meine Mutter ist Arbeiterklasse. Die hat, genau wie mein Alter, nie ein Buch in der Hand gehabt. Genauso wie meine Schwestern und mein älterer Bruder. Alle so unbelesen. Ich bin da 'ne Anomalie. 'ne Behinderung in der Familientradition. Ich lese. Ich schreibe. Das können die anderen nicht. Die können nur arbeiten und konsumieren und saufen. Wenigstens beim Saufen kommen wir zusammen. Auch wenn das meistens nicht gut ausgeht. Immer Stunk. Immer Streit. Immer Größenwahn.

Deshalb hat sich Milla von mir getrennt. Ich war immer besoffen. Hab dann immer mit anderen gequatscht. Und immer rumgemacht. Und manchmal dann auch mehr. Das hat sie zweimal toleriert. Weil sie mich echt geliebt hat. Aber das dritte Mal war dann zu viel. Zack, wurden meine Klamotten vor die Tür gestellt.

Meine Jungs sehe ich jetzt nur noch alle zwei Wochen. Wachsen ohne ihren Vater auf. Was daraus werden wird? Ich brauche mich nur an meine eigene Jugend erinnern, an die Freunde ohne Vater. Alle gestört. Alle irgendwo verschwunden. Im Knast. In scheiß Jobs. Zwei haben sich den Kopf wegschossen. Bei einem hat es funktioniert. Der andere ist ein Krüppel. Das will ich nicht für meine Kinder. Aber fuck! Besoffen denke ich nur mit dem Schwanz.

Schreiben macht heute keinen Sinn mehr. Trinken auch nicht. Ins Bett gehen auch nicht. Aufs Sofa. Noch 'nen Porno. Ablenken. Abtauchen. Nicht denken müssen. Dicke Titten. Abwichsen. Pennen.

Die Jungs sind weg. Haben mir die halbe Bude auseinandergenommen. Dabei sind sie erst 5 und 8. Wie wird das noch werden? Die sind nicht für 'ne Wohnung geschaffen. Die gehören in ein Haus. Die gehören in das Haus ihrer Mutter, das mal unser Haus war. Für das ich jetzt zahlen darf. Nicht wenig. Die alte Schlampe!

Die soll jetzt 'nen Neuen haben. Oder sich zumindest mit so 'nem Typen treffen. Ein Handwerker. Selbstständig. Das Gegenteil von mir. Ich kann nur labern und glaube, dass ich schreiben kann. Deshalb Projektmanager. Deshalb Autor von Schnulzen. Also, was ich glaube, was das wahre Leben ist. Also reine Lüge. Mir selbst und meinen Lesern gegenüber. Davon gibt es nicht so viele. Dreistellige Auflagen. Besser als nichts, aber eher nichts als etwas.

Ich lasse das Chaos in der Wohnung, schnappe mir die Tasche und fahre mit der 213 ins *Abstrich*, so eine kleine Bar. Da darf ich was vorlesen. Sind auch tatsächlich ein paar Leute da.

Wäre ich nicht so scheiße zu meiner Ex gewesen, wären noch mehr gekommen. Aber Freunde und Familie stehen zu ihr. Halten mich für einen Arsch. Jemand, der denkt, er sei etwas Besseres. Möchtegern-Autor und so. Recht haben sie. Aber verdammt! Ich will einfach nur schreiben! Auch wenn ich es nicht kann.

Der heruntergekommene Besitzer moderiert mich an. Ich lese. Über Liebe. Über Rock. Über Alkohol. Nur mit Suff kenne ich mich aus. Deshalb trinke ich währenddessen 'nen *Havanna Cola*. Image und so. Man hört mir zu. Würde aber lieber mit jemand anderem quatschen oder gar nicht hier sein. Spüre ich. Fühlt sich scheiße an. Aber mit mehr *Havanna* kann ich es ignorieren.

Letzter Text. Etwas Applaus. Ein paar wollen ein Buch. Mit Widmung. Dann steht so 'ne Kleine vor mir.

„Belly", stellt sie sich vor.

„Maurice", sage ich.

„Hätte ich ja nicht gedacht", scherzt sie.

„Sieht so aus, als wärst du die Letzte."

Der Schuppen hinter ihr ist leer.

„Das Buch habe ich schon. Ich bin extra aus Göttingen hergekommen wegen dir. Bin ein großer Fan", sagt sie langsam. Sie schaut mir in die Augen.

Dann streckt sie mir ihre Brüste entgegen. Sie ist mindestens 15 Jahre jünger als ich. Endlich kriege ich 'nen Groupie. Endlich werde ich gewürdigt! Belohnt. Danke!

Belly hat mich in ihr Zimmer mitgenommen. So eine Pension, wo nachts niemand mehr arbeitet. Mehr was für Monteure als für junge Frauen. Aber direkt in der Fußgängerzone.

Ich dachte schon, dass ich mit Belly machen könnte, was ich wollte. Sie sieht ja aus wie ein zartes Wesen. Nur die Titten sind mächtig. Das war vor 10 Minuten.

Jetzt stehe ich vor ihr. Sie hält mir den Lauf ihrer Knarre ins Gesicht. Sie lacht. Ist völlig überdreht.

„So ein selbstverliebtes Arschloch. So richtig Mann. Und jetzt schau dich an! Du bist nichts. Nichts mehr als ein geiler Bock, den seine verdammte Lust ins Verderben gebracht hat. Armes Würstchen."

„Was?"

„Nicht was? Meinste, deinen Scheiß finde ich wirklich geil? Da geht's doch nur ums Ficken. Ums Erndiedrigen. Um verdammte Schwänze. Als wäre das was Besonderes. Jedes Wort in deinem Buch ist ekliger Macho-Müll. Von gestern."

Sie wirft mir mit ihrer anderen Hand mein Buch gegen den Kopf.

„Und deshalb jetzt das?"

„Ja! Und jetzt ausziehen!" Sie fuchtelt mit der Waffe vor mir rum.

„Nicht dein Ernst! Du spielst doch eh nur. Du drückst nicht ab. Und die ist doch nicht echt", sage ich.

Ich gehe einen Schritt auf sie zu. Es knallt. Es brennt wie Hölle. Sie hat mir ins Knie geschossen.

„Du blöde Sau!", schreie ich. Ich liege auf dem Boden.

„Ne Schreckschuss kann ganz schön weh tun," meint sie. Ich stimme ihr zu.

Plötzlich fängt Belly ganz laut zu schreien an: „Oh ja, besorg es mir! Besorg es mir richtig! Uhh, uhhh." Sie ist ekstatisch. Fast könnte man ihr glauben. Die Zimmernachbarn werden ans Ficken denken. Ich schreie lieber nicht. Belly würde mir tatsächlich den Schädel wegschießen.

Sie schaut mich an. Ich weiß, was ich machen soll. Ich ziehe mich aus.

Würde ich nicht so scheiß Schmerzen haben, wäre die Situation irgendwie geil. Aber so habe ich keine Ahnung, was sie vorhat. Ich wollte Fans, aber keine bekloppten.

„Du schreibst ja über so starke Männer, denen die Frauen zu Füßen liegen. Aber du verstehst 'nen Scheiß! Du denkst, du bist wer. Aber du bist ein Niemand. Ein Frauenhasser. Misogyn!", sagt sie.

Dann knallt sie mir die Knarre gegen den Kopf. Mir wird schwarz vor Augen.

Ich wache auf. Mir ist kalt. Da weht Wind um meine Eier. Ich öffne die Augen.

Ich liege vor der Pension in der Fußgängerzone. Nackt. Es wird langsam hell. Und da sind Leute. Sie lachen. Mein Knie schmerzt wie Hölle. Ich will da gar nicht hinsehen. Ich will aufstehen. Aber scheiße! Ich kann nicht. Die Schmerzen! Ein paar Monteure in Latzhosen kommen aus der Pension. Sie schauen mich an. Sprechen Russisch. Der eine hilft mir hoch. Klappt nicht. Ein anderer geht wieder in die Pension. Die erzählen was von Doktor.

Fuck! Alles so peinlich. Alles so schmerzvoll. Ich wollte ein bisschen Ruhm und nicht diesen verrückten Scheiß.

Karma, Wham! und der Hutmacher

„*Let it snow, let it snow, let it snow*", singt Amal. Auf seinem Kopf hat er so einen Haarreif mit 'nem Elchgeweih. Es blinkt auch. Abwechselnd in Rot und Weiß. Ich könnte ausflippen. Er macht mich wahnsinnig.

„Und was willst du dann Heiligabend machen?", will ich wissen.

„Nicht Weihnachten feiern. Ist es dann ja wirklich. Und heute ist NICHT-Weihnachten. Deshalb." Amal deutet auf den Tannenbaum mit Lametta und den Christkugeln. Die Kugeln hat er in der echten Weihnachtszeit aus einem Vorgarten abgezogen. Lametta hat er vom Weihnachtsmarkt eingesteckt.

„Und dieser Pullover. Draußen sind es 30 Grad."

Es ist Juli und er trägt einen hässlichen roten Strickpulli mit Schneemann drauf.

„Das ist nichts gegen Delhi", meint er.

Ich verzweifle. Ich hätte mit ihm nicht *Alice im Wunderland* schauen sollen. Vor allem nicht auf Pilzen. Ich glaube, Amal ist drauf hängengeblieben.

„Gib mir mal was vom Schnee", fordere ich ihn auf.

„Nur, wenn du singst", lacht Amal.

„Ich singe bald vor den Bullen", scherze ich.

„Dann mach ich es wie in Delhi", sagt er. „Ich kratze dir die Augen aus und koche sie für dich."

Keine Ahnung, ob man das in Delhi so macht. Ich weiß einen Scheiß über Indien. Ich weiß nur, dass da verdammt viele Menschen sind. Die auch noch verdammt schlau sind.

„Wie kommt es eigentlich, dass alle Inder so tolle Jobs haben, nur du nicht? Bist du kein Inder? Oder bist du blöde?"

„Ich bin einfach faul", antwortet er mir.

„Wenn du wenigstens so 'nen lustigen Akzent hättest. Dann könnten wir rassistische Videos auf *TikTok* hochladen", meine ich.

„Kann ich nicht. Mir liegen Sprachen. Vor allem Deutsch", meint Amal. „Deshalb klinge ich wie einer von denen."

„Wie einer von denen? Bin ich nicht deutsch?", will ich wissen.

„Nur auf dem Papier. Du siehst aus wie so 'ne Promenadenmischung", erklärt er mir. „Deine Haut ist nicht weiß, nicht rosa. Irgendwie mehr … Da fehlt mir sogar das Wort für. Und deine Haare ... Die sind weder dunkel noch hell. So farblos. Und auch deine Augen. Du bist ein farbloser Typ."

„Farblos", wiederhole ich.

„Und deine Einstellung. Du weißt ja gar nichts über Deutschland. Du beschwerst dich andauernd über die Politik, über dies und das", fährt er fort.

„Beschwere mich", wiederhole ich.

„Du bist ein nichtwissender, sich beschwerender Farbloser", fasst Amal zusammen.

„Nicht brauchbar. Unnütz", ergänze ich.

„So kann man es auch nennen", lacht Amal. Er stürzt sich auf den Schnee. Er reicht mir das Röhrchen. Ich bediene mich auch.

1, 2, 3! Drauf.

„Lass uns los", sage ich.

Amal nimmt den Haarreif von der Stirn und zieht den Strickpulli mit dem Schneemann aus. Jetzt steckt er in 'nem schwarzen T-Shirt. Wie ich.

Ich muss mir durchs Gesicht fassen. Immer wieder. Wie ein Tick.

„Zu viel Koks, wa?", fragt Amal.

„Einfach scheiß viel Stress. Ich werde zu alt für den Scheiß", entgegne ich.

„Dann gehen wir nächstes Semester wieder hin?" Amal grinst. Er weiß, dass das eine scheiß Alternative ist.

„Nein, vielleicht machen wir was Größeres", überlege ich.

„Dazu bist du zu dumm. Und mir ist es zu viel Aufwand", meint Amal. „Wie heißt es: Schuster bleib bei deinen Leisten, oder?"

Meine Hand zittert. Nur die rechte. Ich spüre sowieso nur die rechte Körperhälfte. Als wäre die andere tot. Oder die eine doppelt lebendig. Koks und Kaffee und Aufregung; nicht gut. Ich muss auch irgendwie kacken.

„Lass uns das schnell über die Bühne bringen", sage ich.

„Okay. Wie immer auf C."

„A,B,C!“, sagen wir einstimmig. Dann springen wir aus dem geklauten *VW Polo*. Mit übergezogenen Nylonstrümpfen stürmen wir zum Burgerschuppen.

Amal schießt gleich einmal in die Decke. Etwas Putz bröselt herunter. Ich stelle die Tasche auf die Theke. Wir haben sofort die Aufmerksamkeit vom Dutzend Gäste und den Mitarbeitern.

„Mach das voll! Schnell“, schreie ich.

„Und dass uns keiner abhaut!“, brüllt Amal.

Er schießt über dem Tresen in die Anzeigetafel mit dem Burgermenü. Ich sehe das Einschussloch. Amal ist ein guter Schütze. Er hat mir erzählt, er wäre für 2 Jahre im Schützenverein gewesen. Am Anfang wollten sie ihn dort fast gar nicht nehmen. Aber als sie merkten, wie ernst es Amal mit dem Schießen war, hatten sie nur Respekt vor ihm. Einige glaubten zwar, dass er einer islamistischen Terrororganisation angehören würde. Aber das interessierte Amal nicht. Er wollte schießen. So viel es geht.

Ich kann nicht schießen. Ich habe mit Amal ein paar Mal in der Kiesgrube geübt. Ganz klassisch, auf Dosen. Ich bin ein lausiger Schütze. Habe nie getroffen. Liegt mir nicht in den Genen. Sonst wäre ich besser. Mein Opa war bei der Wehrmacht. Infanterie. Hat damit geprahlt, ein guter Schütze gewesen zu sein. Das hätten die Russen zu spüren bekommen, hat er bei jeder Möglichkeit erwähnt.

„Aber, die meisten bestellen am Terminal“, stottert so ein Typ vor mir hinter der Bestelltheke.

„Ich will ja auch die Kohle“, meine ich. Jedes Wort lässt es unter dem Strumpf wärmer werden.

„Nein, du verstehst mich nicht ...“, stottert der weiter. Er ist aufgeregt. Der hat Angst. Er ist mir richtig unangenehm.

„Nein, *du* verstehst mich nicht! Geld in die Tasche!“, schreie ich ihn an.

Er öffnet die Kasse. Er steckt Scheine rein. Er wirft Kleingeld dazu.

„Ist das Alles?!“

Wenn das bei allen Kassen so ist, hätten wir lieber 'nen Dönerladen genommen. Hat uns mal 6000 Euro gebracht.

„Ja, die Leute bezahlen doch am Terminal. Mit Karte“, stottert der Typ.

„Scheiße, Scheiße Bro! Die haben hier nichts. Lass uns verschwinden“, rufe ich zu Amal.

„Pack zwei *McRib* rein und diese Veggie-Burger“, fordere ich vom Burgerbrater.

Innerlich zerbricht gerade 'ne ganze Welt. Ich komme mir blöde vor. Wie konnten wir das nicht berücksichtigen? Wie konnten wir nicht an die Terminals denken? Unsere Rechnung war eine andere. Pro Kasse 500 Euro. Das dann mal 6 wären schon 3 Riesen. Und dann noch der Safe. Reibach.

Aber so sieht es nach 30 Euro und ein paar Münzen pro Kasse aus. Das ist das Risiko nicht wert. Wir müssen abbrechen. Wir müssen hier schnell wieder raus.

Die Burger sind drin, die Tasche ist zu.

„Die nehmen wir mit.“ Amal deutet mit dem Lauf seiner Knarre auf so 'ne Kleine. So eine mit bunten Haaren.

„Erkläre ich dir im Auto.“

Ich widerspreche nicht. Keine Ahnung, was er mit der vorhat.

„Und schön die Fresse halten und noch still bleiben“, brülle ich. Ich schieße auch einmal in die Decke. Da ist es schwer, nicht zu treffen. Dann verpissen wir uns.

„Die kleine verfickte Tussi. Predigt Wasser, aber trinkt Wein“, sagt Amal aufgeregt. Er fuchtelt mit der Knarre vor der Nase der Kleinen.

„Ist dir klar, dass wir 'ne Geisel haben?“, frage ich ihn. Ich bin wütend. Ich will meinen *McRib*. Mir ist heiß unter dem scheiß Strumpf. Ich habe mir das anders vorgestellt.

„Ist dir klar, *was* wir für 'ne Geisel haben?“, fragt Amal.

„Nö“, antworte ich.

„Habe ich mir gedacht. Litza Glitza ist das. Oder auch LiGli. Deshalb die bunten Haare. Nur ihre Fresse ist ausnahmsweise mal nicht geschminkt“, meint Amal.

Ich betrachte die Kleine im Rückspiegel. Ich weiß nicht, was LiGli sein soll. Klingt wie 'ne neue Krankheit. Wie etwas, dass ich nicht haben will. Sie schaut bestürzt. Sie kämpft mit den Tränen. Sie hat Angst.

„LiGli?“, sage ich.

„Echt? Immer noch nicht? Wie kommst du nur durchs Leben?“, motzt mich Amal an.

„Dann erzähl schon!“

„Freundin!“, fordert Amal unsere Geisel auf. „Erzähl mal, was du für eine bist!“

„Influencerin“, antwortet sie eingeschüchtert.

„So eine auf *YouTube*“, ergänzt Amal.

„Eher *TikTok*. Ich helfe meiner Community und meine Community wird mir helfen.“ Sie wirkt jetzt selbstbewusster. Sie springt zur Tür und versucht, sie zu öffnen. Klappt nicht. Kindersicherung. Sie versucht, das Fenster runterzulassen. Auch gesichert. Sie trommelt gegen die Scheibe. Sie schreit laut um Hilfe.

Amal beugt sich zur Rückbank. Er holt aus und gibt der Kleinen 'ne Backpfeife. Sie ist sofort wieder ruhig.

„Nicht ausflippen. Wenn du machst, was wir sagen, bist du in 'ner halben Stunde wieder draußen und kannst wieder deine Scheiße spielen“, meint Amal.

„Fickt euch!“, kreischt LiGli.

„Fick du dich, du kleine Bitch!“ Amal schreit sie an. „Oder wie findet das deine Community, wenn wir dich mit so 'nem Burger ablichten? Bist du nicht gegen Fleisch und so? Was halten die von so 'nem Foto?! Dann bist du am Arsch! Ich stopfe dir 'n *McRib* so tief ins Maul, den Geschmack wirst du nicht mehr los!!“

Ich fahre einfach geradeaus. Wir sind schon fast raus aus der Stadt. Es wird bereits grün und die Stadtautobahn wird einspurig.

„Ich habe nur Pommes gegessen“, rechtfertigt sich LiGli.

„Ist mir scheiß egal“, brüllt Amal. Er ohrfeigt sie nochmal.

„Du Schwein!“, schreit LiGli.

„Ich fand deinen Content schon immer kacke. Wie kommt man nur darauf, dass jemand auf deine Meinung etwas gibt?“, provoziert sie Amal.

„1 Million Follower können nicht lügen“, antwortet LiGli.

„Alle gekauft! Und jetzt halt dein Maul!“ Er hält ihr den Lauf seiner Knarre vors Gesicht.

„Wo wollen wir hin?“, frage ich Amal nach einer Weile.

„Steuer mal die nächste Bank an“, sagt er.

„Und du hältst schön die Fresse, wenn wir aussteigen!", fordert Amal sie auf. „Du machst, was wir dir sagen, kapiert?"

„Damit kommt ihr nicht durch", gibt LiGli zurück.

Wir rücken die Strümpfe zurecht. Die jucken wie Scheiße. Amal zieht die Influencerin aus dem Auto. Er schiebt sie vor die Tür der Kreissparkasse.

„Steck deine verdammte Karte rein", fordert er.

Sie wühlt in der Vordertasche ihres Hoodies. Dann zieht sie ihr *iPhone* raus. Dahinter ist die EC-Karte.

„Fuck, Amal! Das hatte sie die ganze Zeit dabei?!"

„Da habe ich nicht dran gedacht", erwidert er kleinlaut.

„Fuck, damit können die uns orten! Die sind uns bestimmt schon auf der Spur!", sage ich. Ich werde panisch.

„Fuck!", schreit Amal. Er reißt LiGli das *iPhone* aus der Hand. Er schmeißt es auf den Boden, springt drauf.

LiGli tötet uns mit ihrem Blick.

„Beeil dich", sagt Amal. Dann stehen wir in der Bank. Niemand ist drin. Nur wir und zwei Automaten. Wir stehen vor einem. Sie steckt ihre Karte rein.

„Wird euch nicht gefallen", meint die Influencerin.

Wir schauen auf den Kontostand. Der gefällt uns auch nicht. Sie ist im Dispo. Mit 200.

„Du bist ein fucking Star!", schreit Amal sie an.

„Geht alles gleich ab. ETFs und so. Zukunft halt", grinst sie.

„DU SCHLAMPE!" Amal rastet komplett aus. Er will mit der Knarre in der Hand auf sie losgehen. Ich weiß nicht, ob er sie abknallen oder damit verprügeln will.

Ich halte ihn fest.

„Beruhig dich!" Keinen Bock auf 'nen Mord.

„Die ist so scheiße", schreit Amal. Er ist den Tränen nahe.

„Heb ab, was geht", fordere ich jetzt. Sie kriegt 300 Euro. Sie gibt mir die Scheine. Amal tritt ihr vors Schienbein. Sie geht zu Boden. Sie weint jetzt.

„Schnell, die haben uns bestimmt auf Kamera", meint Amal und wir stürmen aus der Bank. Die LiGli lassen wir liegen.

Hinter uns hören wir schon Sirenen. Dann sitzen wir im Polo. Ich drücke aufs Gas. Da stehen sie schon vor uns. Polizeiwagen. Sehr viele davon. 'ne Straßensperre.

„Drück rauf! Drück rauf! Fahr da durch! Die weichen aus", brüllt Amal.

Ich bremse. Wir schauen in Dutzende Bullengesichter. Alle haben ihre Knarre auf uns gerichtet. Ich hebe die Hände in die Luft.

„Wir sind am Arsch!"

Das sieht auch Amal ein. Er hebt die Hände.

Amal steht vor der JVA. Er lehnt cool an seinem Benz. Er hat wieder diesen hässlichen Pullover mit dem Schneemann an. Er ist schon seit 'nem Jahr draußen. Keine Ahnung, wie er das angestellt hat. Keine Ahnung, warum er nicht ausgewiesen wurde. Keine Ahnung.

„Ist jetzt immer NICHT-Weihnachten?", frage ich und deute auf die hässliche Klamotte.

„Nein, jetzt nur noch zu Weihnachten", erklärt er mir. Ich spüre die Kälte. Noch zwei Wochen bis Heiligabend. Und es wird eine kalte, weiße Weihnacht.

Ich steige ein. Wir fahren in den Industriepark. Amal hält vor einem Bürokomplex.

„Schnell! Ist so verdammt kalt hier", sagt er und steigt aus. Er rennt zum Eingang. Ich hinterher. Wir steigen in einen Fahrstuhl.

„Und, wie fühlt es sich an?", fragt Amal.

„Die Freiheit?"

„Ja." Amal strahlt.

„Ehrlich gesagt, ziemlich kalt", witzele ich. „Eigentlich dachte ich, wir fahren in irgendeinen Club. Was trinken. Vielleicht lässt du auch 'ne Professionelle für mich springen".

Amal grinst. Die Fahrstuhltür geht auf. Amal geht schnell an der kleinen Büroinsel mit Monitoren, Tastaturen und Yuccapalmen vorbei. Alles sieht gleich aus. Ich verliere die Orientierung.

„Was willst du hier überhaupt?", frage ich.

„Mein neuer Job. IT. Dachte, das passt", lacht er. Wir setzen uns an einen Rechner. Er gibt irgendetwas ein. Dann steckt er einen Stick in den Port. Er tippt weiter.

„Und hier arbeitest du? Kriegst du nicht auf den Sack, wenn du 'nen Ex-Knacki mitnimmst?", will ich wissen.

„Bin doch auch einer", erklärt er. „Und nein, ich arbeite hier nicht. Also nicht für den Schuppen hier. Das, was wir gerade machen, ist mein neuer Job."

„Wie?"

„Datenklau und ein netter Trojaner." Amal grinst mich an. „Die sind ein Zulieferer in der Autoindustrie und du hast ja gesehen, wie leicht wir hier rein sind. Genauso schnell bin ich auch in deren Netzwerk." Er zieht den Stick ab.

„Was? Und dann nimmst du mich mit?", frage ich.

„Was denn sonst? Was willst du denn sonst machen? Zurück zur Uni?", lacht Amal.

Darüber habe ich mir noch keine Gedanken gemacht. Ich habe im Knast lieber gewichst und schlechte Bücher gelesen. 3,5 Jahre im Bau und nichts gemacht. Nur herumgehangen. Nicht aufgefallen und Angst beim Duschen gehabt.

„Und was springt da raus?", frage ich.

„Mal schauen. Fürs Zerstören gibt es schon ein paar Scheine, aber für richtige Geheimnisse soll es richtig Kohle regnen", erklärt Amal.

„Also noch kein Geheimnis gelüftet", schlussfolgere ich.

„Dafür brauche ich ja dich. Du bist mehr so der Nachdenkliche. Ich handele."

Er schmiert mir nur Honig ums Maul. Amal ist in beidem besser. Im Handeln und im Schlausein.

Wir sitzen wieder in Amals Benz. Er klopft sich stolz auf die Brust, wo der Stick in der Tasche ist.

„Wie bist du darauf gekommen?", will ich wissen.

„Mir ging diese verfickte Influencerin nicht aus dem Kopf. Wegen der blöden Tussi mussten wir einsitzen. Da wollte ich mich rächen. Dann habe ich halt im Knast so ein bisschen IT gelernt und draußen brachte mich der Fachkräftemangel zu so einem IT-Dienstleister. Ich hatte also einen Job und konnte dabei weiter IT lernen. Und mich bei der Alten rächen. Hab ihren ganzen Account lahmgelegt. Erst darüber Scheiße verbreitet und dann das Profil gekillt. Die ist so raus. Die kennt keiner mehr. Würde mich nicht wundern, wenn sie sich umgebracht hätte. Und ich habe danach dann Kontakte geknüpft. Jetzt krieg ich dafür von den Richtigen Kohle", sagt Amal stolz.

„Du bist krass", meine ich.

„Böse und nachtragend", grinst er.

„Warum haben die dich eigentlich nicht abgeschoben?", will ich wissen.

Er schüttelt den Kopf. „Du weißt wirklich gar nichts über mich."

„Wie lange haben wir zusammen in der WG gewohnt?", fragt er mich.

„Bestimmt 3 Jahre."

„Und da hast du nie meinen Perso gesehen?"

Ich kann mich tatsächlich an keinen Ausweis erinnern. Ich bin ein mieser Mitbewohner.

„Du bist deutsch?"

„Ja, so wie du. Habe mit 19 hier gleich eine geheiratet. Paula. Die ist nach drei Jahren gestorben. Ganz tragisch. Beim Wandern abgerutscht. Lief sogar bei RTL. War schwer", berichtet Amal.

„Du warst dabei?"

Er nickt.

„Scheiße, tut mir leid."

Wir schweigen.

Amal hält vor der *Pflaume*. Eine Tabledance-Bar. Die Mädels machen hier auch gern mehr.

„Ich lade dich ein", sagt er.

„So habe ich mir das vorgestellt", lache ich.

Ich bin vor Amal in der Bar. Es ist noch nicht viel los. Wir setzen uns an einen Tisch.

Die Tänzerinnen sind alle als Weihnachtsengel verkleidet. In Weiß. Mit Flügeln. Enge kurze Kleider und dünne weiße Strümpfe. Ich habe jetzt schon 'nen Steifen.

„Das volle Programm für uns und für meinen Freund bitte doppelt", ruft Amal irgendjemandem zu.

Zwei Mädels holen mich ab. Sie schieben mich in einen abgetrennten Raum. *Wham!* läuft.

Dann drücken sie mich auf einen Sessel. Sie tanzen. Reiben sich an mir. Ich würde jetzt gern über sie herfallen.

Eine schaut mir direkt in die Augen. Dann erkenne ich sie. Und sie erkennt mich. LiGli! Der gefallene Engel. Sie geht mir sofort an die Kehle, drückt mit beiden Händen zu.

„Das ist der eine", ruft sie zu ihrer Kollegin. Auch die drückt jetzt zu. Ich will aufstehen. Aber sie sitzen auf mir. Sie drücken weiter. Ich schlage um mich. Bin aber zu schwach. Sie drücken. Und drücken. Und drücken. George Michael singt im Hintergrund *„Last Christmas ..."*

Kalte Dusche

Erics Körper klebt an der Ledergarnitur des Wohnzimmers. Der Ventilator brummt grimmig. Auf dem Fernsehapparat flimmern zu einer rockigen Nummer die Torszenen eines Fußballspiels. Es war nicht der erhoffte Knaller. Aber die Bierkiste ist zur Hälfte geleert.

Gierig schüttet Eric den letzten Schluck in sich hinein. Er spürt den bitteren Geschmack im Mund, reißt sich vom Sofa los und steckt das Pfandbehältnis zurück zu seinen Artgenossen.

Seine Kleidung verteilt er zwischen Stube, Flur, Schlafzimmer und Bad. Er wohnt allein in dem Einfamilienhaus. Wenn auch nur für neun Tage.

Seine Freundin erlaubt ihm diesen Luxus, während sie an der Riviera Sonne tankt.

Eifersüchtig ist er nicht gewesen, als Simone ihm die frohe Botschaft unterbreitete, dass sie mit Carmen in zwei Monaten für eine Woche Strandurlaub gebucht hatte.

Wozu auch? Er liebt Simone. Und sie liebt ihn. Eifersucht ist schließlich etwas für kleine Kinder und nicht für einen Mann Ende zwanzig.

Selbst als Simone vor einem Monat gekündigt wurde und sie deshalb den Trip absagen wollte, setzte Eric all seine Überzeugungsarbeit daran, dass Simone sich doch die Reise gönnen solle.

Er versicherte ihr, dass er das Loch mit seinem Gehalt schon stopfen könne, die Riviera eine hervorragende Ablenkung für sie sei und die paar Euro keinen finanziellen Ruin bedeuten würden.

Simone ließ sich überzeugen, packte ihren Koffer und sprang mit ihrer Freundin in den Flieger.

Eric dreht den Duschhahn auf, spritzt sich Duschgel in die Hand und verreibt es auf seinem Körper.

„Scheiße“, flucht Eric.

Genauso wie in den zwei Tagen zuvor. Das Wasser ist kalt und macht keine Anstalten sich zu erwärmen. Das war gestern so und würde sich auch morgen nicht ändern.

Er muss die Leitung bis zu Simones Rückkehr repariert haben, wenn er nicht die Hölle auf Erden erleben will.

Ihn selbst stört es nach dem ersten Schock wenig. Seine Hoden bekommen eine extra Ladung Duschgel ab und sein Penis wird sogar etwas steif. Vom Duschen hat er das seit der Pubertät nicht mehr gehabt.

Hat er zu wenig Sex? Seit Simones Entlassung ist die Luft wirklich etwas raus. Knarrte die Matratze vorher noch zweimal die Woche, fällt es ihm jetzt schwer, sich an einen einzigen heißen Moment im letzten Monat zu erinnern.

Simone klagt darüber, dass sie sich leer fühle, deshalb keine Lust verspüre. Eric schenkt ihr Verständnis.

Sie steht unter Stress, vielleicht sogar in einer Lebenskrise. Simone definierte sich über ihre Arbeit als Assistentin der Geschäftsführung eines kleinen Bauunternehmens. Sie knüppelte mit einem ehrlichen Lächeln Überstunden und bezahlte Fortbildungen aus eigener Tasche. Da zog ihr die Kündigung den Boden unter den Füßen weg und selbst das Versprechen, dass man sie bei einer besseren Auftragslage sofort wieder einstellen würde, gibt ihr wenig Hoffnung.

„Dann suchst du dir halt etwas anderes", versuchte Eric sie aufzumuntern.

Doch er erntete nur ein Kopfschütteln und kam nicht gegen Simones Angst an, irgendwann als Hausfrau zu enden, deren einziger Lebensinhalt aus einer penibel geputzten Wohnung und wohlerzogenen Kindern besteht.

Er hoffte, dass Simones leidenschaftliche Bewerbungen endlich ein Unternehmen von ihren Fähigkeiten überzeugen würden und der Spuk ein Ende fände.

Aber weder in dieser Woche, noch in denen zuvor, flatterte eine positive Antwort in den Briefkasten oder war eine begeisterte Personalplanerin am Telefon. Niemand will Simone.

Mit einer halben Latte trocknet Eric sich ab. Ohne sich etwas anzuziehen, wirft er sich auf das Bett, schiebt seinen Laptop neben sich und öffnet eine der unzähligen kostenlosen Pornoseiten. Ihn zwickt zwar das Gewissen, aber eine scharfe Blondine in feinen schwarzen Strümpfen und spitzen High Heels lässt ihn Simone vergessen.

Während er seine Hand auf und ab bewegt, klingelt sein Handy. Aber der Drang nach Befriedigung ist zu stark. Erst als er eine gehörige Portion Sperma in ein Taschentuch gespritzt hat, schaut er auf das Display: Entgangener Anruf von Carmen.

Wahrscheinlich will Simone sich dann doch melden. Es ist nicht so vereinbart. Simone hat aus Angst, beklaut zu werden, ihr *iPhone* daheim gelassen. Aber sie hatte schon oft nach nur wenigen Tagen Sehnsucht nach ihrem Schatz gehabt. „Schade", denkt Eric, ruft aber nicht zurück, denn bestimmt sind die beiden wieder unterwegs und Carmens Handy zurück im Zimmersafe.

Erics Augen fallen sofort zu. Das Bier ...

Eric wacht am Samstag ohne Wecker auf. Bereits um neun Uhr zeigt sich die Sonne von ihrer besten Seite. Dieser Tag scheint an Hitze dem vorherigen in nichts nachzustehen.

„Verdammt", sagt Eric kurz darauf, als er auf sein Handy schaut. Wieder hat Carmen angerufen. Diesmal mitten in der Nacht. Einmal um 3:03 Uhr, dann um 4:23 Uhr und noch einmal um 5:27 Uhr. „Die werden ordentlich gefeiert haben, vielleicht hatte Simone Lust auf etwas Dirty Talk", denkt er sich. „Dann hätte ich mir das Wichsen sparen können."

Die verheißungsvolle Vermutung lässt Eric davon träumen, dass alles wieder wie in den guten alten Zeiten werden würde, sobald Simone zurückkommt.

Eric springt auf und schnappt sich sein Werkzeug, um das erhoffte, aber noch wiederzugewinnende Glück nicht augenblicklich auf die Probe zu stellen. Er sucht eine Pumpenzange, Hammer, Schraubenzieher und Handschuhe zusammen. Auch schnappt er sich sein Handy für den Fall, sollte Simone noch einmal anrufen und wandert die Treppe hinab.

Vor der Kellertür klingelt es wieder, noch einmal mit Carmens Nummer.

„Hey mein Engel."

„Wie bist du denn drauf?", fragt die Stimme. Es ist Carmen.

„Oh, Entschuldigung. Ich dachte, du wärst Simone."

„Simone?"

„Ja, kannst du sie mir mal geben?"

„Ich?", fragt Carmen. „Wieso denn ich?"

„Jetzt treib keine Spielchen, oder hast du noch Restalkohol im Blut?“

„Alkohol? Bist du drauf?“, blafft sie Eric an.

„Carmen. Bitte, ich habe Sehnsucht!“

„Wie bitte? Ich verstehe nicht ...“

„Haha, selten so gelacht. Bitte gib mir Simone. Ist echt nicht mehr witzig.“

„Eric, *ich* wollte Simone sprechen“, sagt Carmen.

„Warum rufst du mich dann an?“

„Weil ihr Handy aus ist.“

Eric geht die Luft weg. Sagt Carmen die Wahrheit oder übertreibt sie es mit ihren Späßen?

„Aber, aber ihr seid doch zusammen an der Riviera.“

„Was? Simone hat den Urlaub vor zwei Wochen abgesagt“, erklärt Carmen.

„Wie?“

„Das wusstest du nicht?“

„Nein“, sagt Eric. Er fühlt sich alleingelassen, betrogen und verwundet.

„Oh, dann hat sie dir sicherlich noch nichts von der Neuigkeit erzählt.“

„Welche Neuigkeit?“

„Das sollte sie dir lieber selbst erzählen.“

„Sie will mich verlassen und ist mit einem Kerl durchgebrannt“, vermutet Eric sofort.

Am anderen Ende der Leitung wird es still.

„Carmen?“

„Ja?“

„Sag mir die Wahrheit, bitte.“

„Sie hat dich nicht betrogen. Simone liebt dich.“

„Wo ist sie dann?“

„Das weiß ich auch nicht.“

„Siehst du. Was soll ich da denken?“

„Mensch Eric! Simone sollte es dir wirklich selbst erzählen.“

„Also doch!“ Er fühlt sich bestätigt.

„Nein, sie will sich nicht von dir trennen, mach es mir nicht so schwer. Ich war die erste, die es erfahren durfte.“

„Was? Sag schon!“

„Eric!“

„Los, bitte. Ich sterbe sonst vor Sorge."

Stille.

„Du wirst Vater. Papa Eric", sagt Carmen. „Simone ist schwanger. Wahrscheinlich braucht sie deshalb Zeit für sich. Sie ist bestimmt zu ihrer Schwester gefahren."

„Warum hat sie dann ihr Handy hiergelassen und mich belogen?"

„Vielleicht, damit sie sich in aller Ruhe sammeln kann."

„Verstehe ich nicht."

„Musst du auch nicht. Also herzlichen Glückwunsch Papa. Richte Simone aus, dass sie sich bitte melden soll, okay?"

„Gut."

„Ciao", sagt Carmen.

Eric lehnt seinen Kopf an die massive Kellertür.

„Ich werde Vater, *ich*! Ein kleines Abbild von Simone und mir, gezeugt in Liebe. Ich werde Vater", denkt sich Eric. Er würde am liebsten die ganze Welt umarmen.

Er will sich mit der Reparatur der Heizungsanlage beeilen. Eine schwangere Frau soll man nicht frieren lassen. Schwungvoll reißt er die Tür zum Heizungsraum auf.

Doch was er auf dem Boden sieht, ist ein Job für einen Profi: Das Wasser steht bereits ein paar Zentimeter hoch und verteilt sich im ganzen Raum.

Als Eric den Grund für die Überschwemmung ausmachen will, bleibt die Welt für einen Augenblick stehen. Dann gerät sie komplett aus den Fugen.

Neben dem angebrochenen Heizungsrohr baumelt an einer dicken Leitung ein Strick. In der Schlaufe hängt Simone.

Kleinstadt-Blues

Wieder so eine Nacht voller Erwartungen. Und jetzt das.

Ich war mit Benni im Kino. Wieder irgendein Streifen mit vielen Toten. Ein alter Schauspieler nimmt Rache an irgendjemandem wegen irgendeiner Lappalie. Wegen irgendetwas, das man auch hätte bereden können.

Aber dann wäre es keine Story. Dann hätte sich der alte Schauspieler nicht so hochtrainieren dürfen. Hätte keine Berechtigung gehabt für die Millionengage. Und es hätten mir im Kino nicht so viele alte Säcke mit ihren fetten Bäuchen die Luft weggeatmet.

Der Film war ganz okay. Viel Gewalt. Verachtende Dialoge. Fand Benni auch.

Aber das Bier war gut. Nicht so überteuert wie in dem fucking *Cinemaxx*. Noch freundliche 2,50 Euro für ein ehrliches Flensburger. Gott schütze die unabhängigen Kinos! 5 für jeden von beiden in 114 Minuten. Kein schlechter Schnitt. Die Weiber, die uns zu Anfang noch gemustert hatten, waren jetzt von uns angewidert.

Verständlich. Wir waren schon angetrunken. So benahmen wir uns dann auch. Laut, rücksichtslos, nur auf uns bezogen. Benni und ich halt. Benni und ich am Wochenende.

Long story short - wir stehen jetzt draußen. Es ist September. Weder kalt noch warm. Die Tage wissen nicht, was sie wollen. Und wir auch nicht. Nach Hause? Oder noch um die Häuser ziehen?

Dann ab auf die Partymeile. Nur Pisser unterwegs. Die *Junge Union* feiert sich selbst in einer Bar. Ein paar Afrikaner teilen sich 'ne Flasche *Bacardi*. Im Pub grölen die Ultras ihre Lieder.

Kein Platz für Benni und mich in dieser Stadt. Keinen Plan wohin. Aber ich habe Bock.

Benni nicht wirklich. Benni macht das nur wegen mir. Wenn wir 'ne Pussy sehen würden, wäre seine Laune besser. Aber Arschlecken. Nur hässliche Typen und zu junge Dinger. Wir wollen ja nicht im Knast landen.

„Ihr seid nicht geil", pöbelt uns ein Typ an. Er sitzt in einem Plastikstuhl. Wir könnten ihn einfach umschubsen. Aber 6 anderen Besoffene sitzen neben ihm. Sie wären schnell aus ihren Plastikstühlen aufgesprungen und direkt vor uns. Überzahl.

Wir ignorieren sie und verschwinden auf den verlassenen Minigolfplatz. Am achten Loch setzen wir uns hin.

„Jetzt ein Kaltes“, stöhnt Benni.

„Jetzt leben“, sage ich.

„Nicht in dieser Stadt“, meint Benni. Er ist wie alle. Alle regen sich über diese Stadt auf: *„Nur die Falschen unterwegs.“ „Nichts mehr los.“ „Früher war es mal anders.“ „Diese Stadt ist einfach zu klein. Ist nicht Berlin. Oder Braunschweig.“* Oder, oder, oder ...

Von irgendwo dröhnt Mucke. Aus 'nem Altbau. Mich zieht es hin.

„Hausparty“, stellt Benni fest.

„Bist ja ein ganz Schlauer“, meine ich. Er drückt mir eine auf die Schulter. Ja, wir sind Proleten.

„Lass uns probieren“, schlägt er vor.

Wir steuern in Richtung der lauten Musik. Wir stehen vor einem Altbau. Wir gehen die Treppe hoch. Knutschende Paare kommen uns entgegen. Mal Frauen mit Männern, mal Frauen unter sich, mal Männer unter sich.

„Sieht interessant aus“, meint Benni. Ich nicke zustimmend.

„Wer seid ihr?“, will jemand vor der Wohnungstür wissen.

„Freunde der Gastgeber“, meine ich großspurig.

„Und die sind?“, will der Klotz wissen. Er weiß, dass ich keine Ahnung habe.

„Arne und Jolin“, rate ich ins Blaue hinein.

„Arne und Jolin wollen, dass Neue mit 'nem Finger bezahlen“, meint der Klotz.

„'nem Finger?“, fragt Benni.

„Ja, aber nur, wenn es auch gefallen hat. Dann müsst ihr 'nen Finger hierlassen. Das mache ich selbst. Bin darin Profi. Ihr könnt euch auch einen aussuchen. Nehmt nur nicht den Daumen. Ansonsten sind alle ersetzbar“, sagt der Klotz. Er ist mir sympathisch. Er verarscht gut.

„Also dürfen wir?“, frage ich. Er nickt. Dabei stehen wir schon drin. Ein Türsteher bei einer Hausparty. Den Witz haben wir selbst schon tausendmal gebracht. Aber der war echt gut.

Auch das, was wir sehen, ist echt gut: Ein kleiner Berg Koks. Alle bedienen sich. Wir auch. Aber nicht zu viel.

Ich spüre es gleich. Ich bin zwei Meter größer. Und Gras. Vorgefertigte Tüten. Ich schnappe mir 'ne ganz Dünne, nur für mich allein. Dazu ein kaltes Beck's.

„Wo sind wir hier?", frage ich Benni.

„Im Himmel! Das ist der Himmel", meint er.

Wir gehen durch die Wohnung. Es ist voll. Es ist eng. Aber alle tanzen. Es läuft irgendein Elektrokram. Alle sind halb nackt. Es muss tatsächlich der Himmel sein. Eine verschwitzte Rothaarige kommt auf mich zu. Ihre Nippel verraten: kein BH. Ihre Augen verraten: viele Drogen.

„Susanne", sagt sie.

„Susanne zur Freiheit", rufe ich ihr entgegen. Sie leckt mir durch das Gesicht.

Benni macht schon mit einer Blonden rum. Ich sehe ihren runden Po. Darauf steht er. Benni liebt Ärsche. Und ich alle Frauen.

Ich nutze die Chance. Ich berühre mit meiner Zunge die von Susanne.

„Nicht so schnell", meint sie.

Sie greift meine Hand. Sie öffnet eine Tür. Ich sehe ein Bett. Ich sehe mindestens ein Dutzend andere darauf rummachen. Dabei Arschbacken. Dabei Brüste. Dabei zu viel nackte Haut. Rudelbumsen.

Eigentlich nicht mein Ding. Aber das Koks lässt meine Hemmungen fallen. Ich lasse mich von Susanne in eine Ecke drücken.

Sie macht an meinem Hals rum. Er steht.

„Pass auf", sagt mir Susanne. Sie schaut mich an. Sie weiß, was kommen wird. Ihrem Blick zufolge hat es mir zu gefallen.

Ihre Hand rutscht in meine Hose. An meinem Penis herunter. Sie greift kurz meine Eier und dann: FUCK!

Sie steckt den Finger in meinen Arsch. Was soll das?!

Ich komme sofort. Es ist wie Zauberei. Aber ich wollte das nicht. Ich fühle mich irgendwie ... Ja, wie? Irgendwie benutzt.

„Das hat dir kleinem Schweinchen gefallen, wa? Bist schon der sechste", sagt Susanne.

Sie lacht. Sie dreht sich von mir weg. Sie verschwindet.

Ich stehe sprachlos in dem Schlafzimmer. Um mich herum wird gestöhnt. Es riecht nach Schweiß und Lust. Es ekelt mich an. Wie ich mich selbst. In meiner Hose klebt es.

Ich suche das Klo. Ich will mich waschen. Aber auch da gibt es keine Ruhe. Überall macht irgendwer mit jemandem rum. Ich will mich nur waschen.

Benni steht plötzlich neben mir. Er sieht auch mitgenommen aus.

„Lass uns nicht drüber reden. Lass uns nur verschwinden. Schnell!“, meint Benni.

Der Klotz steht immer noch vor der Tür. Er hält mich fest. Er greift mein Handgelenk. Er zieht tatsächlich ein Messer. Jetzt finde ich es nicht mehr lustig.

„Welcher darf es sein?“, will der Klotz wissen.

„Es war scheiße“, sage ich. Der Klotz schaut mich erstaunt an. Lange. Durchdringend.

„Verdammt, wie kann es euch nicht gefallen haben?“, fragt er. Er schaut mich weiter an.

„Will ich nicht erzählen müssen“, sage ich. Benni schüttelt den Kopf. Er will auch nicht darüber reden.

„Dabei musste ich das Messer schon schärfen“, entgegnet der Klotz.

Noch einen langen Blickkontakt. Ich schäme mich. Dafür, was mir passiert ist. Dafür, dass es mir keinen Spaß gemacht hat. Dafür, dass ich überhaupt hier bin.

„Dann sehen wir uns nie mehr“, sagt der Klotz. Er lässt uns raus. Wir gehen, ohne Worte zu wechseln, aus dem Treppenhaus. Die Straße entlang. Die nächste Straße. Erst als die Musik nicht mehr zu hören ist, bleiben wir stehen.

„Über diese Nacht reden wir nie wieder“, verlangt Benni.

„Es ist einfach eine kaputte Stadt“, füge ich an und zähle nochmals meine Finger durch. Es sind neun, aber das liegt wohl an diesem scheiß Kokain.

Über Jobs

Es riecht noch. Es riecht immer noch. Meistens tagelang. Ich kriege es nicht raus aus meiner Nase. Da hilft auch der Whiskey nichts.

Und der Geruch ist schlimmer als die Bilder. Auf die kann man sich vorbereiten. Auf *die* wurden wir trainiert. Die haben wir in unzähligen Seminaren bereits sehen müssen. Wissen dabei genau, wie die entstehen und wo und wann.

Aber dieser Geruch. Das teilt dir kein Lehrbuch mit. Das kann niemand beschreiben. Das kennen nur die, die es selbst erschnüffelt haben.

„So schlimm?", will Lana wissen. Sie steht vom Platz mir gegenüber auf. Dann stellt sie sich hinter mich und streichelt mir den Rücken. Sie fängt an, mich zu massieren.

„Lass mich", meine ich. Ich umklammere mein Glas, spüre die Kälte der Eiswürfel.

„Deine Entscheidung. Die Uhr läuft", erinnert sie mich.

„Ich will nicht allein sein. Ich will nicht reden. Ich will nicht berührt werden. Noch nicht", stelle ich klar.

Sie setzt sich wieder mir gegenüber, schenkt sich ein und starrt mich an. Wie ein Tier im Zoo. Ein Objekt, welches es zu studieren gilt. Erkenntnis? Wird sie keine gewinnen.

Wenn da wenigstens ein Ton gewesen wäre. Irgendein Geräusch von denen. Aber da waren nur die offenen Münder. Es bleibt ein Rätsel, ob wegen der Schmerzen oder des Staunens darüber, was passiert ist.

Sie waren jung. Sie sind fast immer jung. Weil Junge etwas beweisen müssen. Wem und was und warum ist unklar. Nur etwas beweisen. Und das funktioniert auf der Straße so einfach. Da wird das Gaspedal gedrückt und alles ist so leicht. Denken sie. Jetzt sind sie Vergangenheit. Keine Gegenwart mehr. Und niemals Zukunft.

„Ich komme mir mies vor." Lana schiebt ihren Fuß an meinem Bein hoch. Ihr großer Zeh reibt an meinem Schwanz. Sie kitzelt ihn. Sie versucht, den Reißverschluss der Hose mit den Zehen aufzuziehen. Doch sie ist keine Zauberin.

„Bitte!", sage ich genervt.

„Ich kann mir keinen Rabat erlauben und umsonst geht auch nicht. War ein echt mauer Monat. Motte lässt mich sonst zum Bahnhof. Das will keiner", sagt Lana.

„Ich bezahle dich. Voll", erinnere ich.

„Aber so? Du hast das ganze Paket gebucht", meint sie. Sie ist verzweifelt. Sie fängt an, sich in meiner Küche auszuziehen. Sie steht nackt da. Sie setzt sich auf mein Ceranfeld und spielt mit ihren Brüsten. Ich verfolge ihren Finger zu ihrer Muschi. Da spielt sie weiter. Sie taucht in sich ein. Sie schaut mich dabei an, mir tief in die Augen. Sie stöhnt.

Ich wende meinen Blick ab. Ich rieche es immer noch. Für Andy riecht es wie Spanferkel, das zu viele Runden gedreht hat. Mark erinnert es an den Geruch bei 'nem Formel-1-Rennen. Für mich ist es eine Mischung: Verbrannte Haare, verkohlte Haut, verschmorte Sitze. Und der Rest in so einem Auto. Ein Potpourri aus allem, was nicht brennen sollte.

„Fick mich! Los, fick mich!", stöhnt Lana.

Ich nehme 'nen Schluck Whiskey. Das Glas ist leer. Ich schenke nach.

Lana gibt nicht auf. Vorsichtig schiebt sie meinen Whiskey zur Seite. Dann setzt sie sich direkt vor mich auf den Tisch. Sie spreizt die Beine. Ich kann in sie hineinsehen. Ich starre auf ihre Löcher.

„Das gefällt dir. Das willst du..." Sie spielt wieder an sich rum. Sie ist feucht. Sie hat sich vorher in die Hände gespuckt. Sie glänzt. Sie spuckt sich wieder in die Hände. Dann verreibt sie es unten. Besonders an ihrem Poloch. Da schiebt sie sich jetzt den Mittelfinger rein.

„Das willst du, du Schweinchen. Das soll ich machen. Oh, wie geil!" Wieder stöhnt sie.

Es erniedrigt sie. Es erniedrigt mich. Es muss aufhören. Ich ziehe mir die Hose runter. Mein Schwanz steht bereits.

Lana wirft mir 'nen Gummi entgegen. Keine Ahnung, woher sie den so schnell hatte. Packung aufgerissen und übergezogen.

Ich schiebe ihn in ihre Muschi. Dann ficke ich sie auf meinem Küchentisch.

„Mein Hengst! So kenne ich meinen Hengst", brüllt sie. Sie spielt. Schlecht. Ich erkenne es. Sie zuckt. Sie spielt schlechter.

Mehr Erniedrigung für mich. Ich fülle die Tüte. Raus aus ihr. Kondom herunter. Ab in den Mülleimer.

„Das hat dir gefallen. Ich bringe euch immer auf andere Gedanken. Magic Lana."

Lana zieht sich an. Ich sinke zurück auf den Stuhl. Hole meinen Whiskey zurück.

„Bleib, ich zahle", sage ich.

„Fickst du mich nochmal?"

Ich bleibe dabei: „Ich zahle."

„Wenn du mich nicht fickst, verschwinde ich."

„Ich zahle doch. Bleib."

„Jeder Fick mit 'nem anderen ist Werbung", meint Lana. „Die kommen alle wieder. Also mehr Geld. Würde gern bleiben, aber wie gesagt ..."

„Ich lege noch einen drauf. 'nen Hunderter", flehe ich.

Lana schaut mich mitleidig an. Sie schüttelt den Kopf. Sie presst ihre Lippen auf meine Stirn und tätschelt meinen Hinterkopf. Dann verschwindet sie. Ich höre das Türschloss. Mir kommen die Tränen.

„Wird eine lange Nacht", stimmt uns der Chef ein. Ganz ohne Tamtam. Ganz ohne Ansprache. Nüchtern. Auf heute Nacht hat keiner Bock. Davon hat niemand geträumt.

Früher war es Dummheit. Heute ist es Wut. Die Wut der Dummen. Die Wut der Halbstarken. Wut derjenigen, die sich beweisen müssen.

Es dauert bis wir das erste Mal im Fahrzeug sitzen. Der Maschinist steuert den Wagen durch die Straßen. Das Martinshorn übertönt das Knallen. Das Blaulicht überstrahlt das Feuerwerk.

Wir halten zwischen den Blöcken. Drei Fahrzeuge inklusive Leiterwagen. Dabei 'nen Rettungswagen und Polizei. Viel Polizei: 3 Fahrzeuge von den Kollegen.

Aus dem fünften Stock kommt Rauch. Und Flammen. Atemschutzgeräte an. Und dann geht's los.

Es gaffen viele. Manche reden mit uns. Aber ihre Worte dringen nicht durch. Nicht durch das Atemschutzgerät. Nicht durch das Funkgerät. Nicht durch die Konzentration.

Wir stoßen vor. Es stinkt. Qualm kommt.

„Es sollen alle draußen sein. Brandherd vermutlich in der Küche“, tönt es über Funk.

In der Wohnung ist es dunkel. Wir leuchten aus, treten auf Schuhe. Ein Weihnachtsbaum mit goldenem Lametta in der Ecke des Wohnzimmers. Der Fernseher zeigt das Brandenburger Tor.

Dann Flammen. Sie schlagen aus der Küche. Sie fressen den Hängeschrank. Es kracht. Geschirr fällt auf den gefliesten Boden.

Wir löschen mit Schaum. Es zischt kurz. Dann ist es vorbei. Raus aus der Wohnung. Kein Gefühl der Erleichterung. Immer noch Druck, weil wir leichte Ziele sind. Langsam wie Schildkröten wegen der Ausrüstung. Wir schleichen. Wir erinnern uns an letztes Jahr. Unter Beschuss will niemand stehen. Und da sind sie wieder, die Raketen. Direkt auf uns. Aus einem Fenster. Sie schlagen ein zwischen 'nem Polizeiwagen und 'nem Löschfahrzeug.

Einige Gaffer schreien in Richtung der Fenster, aus denen geschossen wird. Andere brüllen uns an. Sie sind gegen alle Einsatzkräfte.

Die Polizisten schauen zu dem Fenster. Es fliegen weitere Geschosse daraus. Die Polizisten laufen jetzt dahin. Ich ziehe mir schnell das Atemschutzgerät runter. Unser Truppführer beschließt zu bleiben.

Es knallt ganz laut in unmittelbarer Nähe. Jemand schreit. Die Sanitäter laufen hin. Ich drehe mich zu den Schreien. Ich sehe zu viel. Da hat es jemandem das Gesicht gesprengt. Man sieht Knochen. Hautfetzen hängen herab. Ich will hier raus.

„Aufsitzen!“, befielt der Truppführer. Wir sind ganz schnell in den Fahrzeugen.

Wir fragen nicht nach den Rettungssanitätern oder Polizisten. Wir denken an unsere eigene Haut.

Auf der Wache. Niemand wünscht sich ein frohes Neues. Stumm reinigen wir die Ausrüstung. Waschen uns. Dann erneut Alarm. Wir müssen wieder raus. Wir springen in die Fahrzeuge.

Es geht wieder in die Blöcke.

Wir stellen den Sarg auf die Hölzer. Der Truppführer nickt. Wir ziehen die Hölzer weg und die Seile darunter straff. Dann lassen wir Andy ab. Langsam. Ganz langsam. Die Seile werden immer schlaffer. Bis der Sarg steht und wir sie einfach wegziehen können. Wir haben darin Routine. Zu viele über die Jahre. Der Job bringt uns um. Er hat auch Andy umgebracht. Ein Schuss in den Kopf. Dann war es das für Andy.

Eine ältere Mutter weint. Da sind auch noch Schwestern von ihm. 'nen Vater gibt es nicht. Kinder auch nicht. Familie ist bei uns schwierig. Leben auch.

Ich habe Dienstende. Ich rufe Lana an.

Rote Linie

Klack, klack, klack. Flip-Flops, die gegen die Ferse knallen. Plastik auf nasse Fußsohle. Künstlich gegen Natur. Und so geht's schon den ganzen Tag. Es ist Samstag. Samstag in den Ferien. Nicht die im Sommer, sondern die im Herbst. Wo die meisten Familien nicht wegfliegen, sondern das Umland erkunden. Freizeitparks. Museen. Spaßbäder. Und in so einem Spaßbad arbeite ich.

„Mach du mal das Wellenbad", meint Jana. Sie wippt mit ihren Brüsten. Macht sie immer, wenn sie was will. Das ist ein unbewusster Tick. Sie weiß, dass so sie alles bekommt. Entweder, weil wir Kerle nicht anders können oder weil sie droht, wenn wir ihr auf die Titten glotzen. *Me too*. Du mich auch.

Also mache ich das Wellenbad. Ich pfeife. Ich pfeife noch mal. So ein scheiß Vater ist mit seinem Schwimmflügel-Kind im Schwimmerbereich.

„Da ist 'ne Markierung. Nicht über die rote Linie!"

Er gafft mich genervt an. Penner!

Die Wellen starten wieder. Mechanisch. Alle 30 Minuten. Dann immer für volle sieben Minuten. Immer. Die Leute stürmen aus den anderen Becken dazu. Nur um auf und ab zu springen. Wie Idioten. Nicht nur wie Idioten, es *sind* welche. Alle.

Ich pfeife. Ein paar Jungs tauchen sich gegenseitig unter. Muss bei Wellengang nicht sein. Sie hören nicht. Ich pfeife wieder. „Hey, lasst das!"

Blicke. Wie von einem Hund, der beim Kacke-Fressen erwischt wurde. Drei der Jungs schwimmen weg und steigen sogar aus dem Becken. Der eine bleibt. Er treibt. Eine Frau schaut fordernd zu mir hoch. Die erwartet was. Scheiße. Ich drücke den Knopf. Ich stoppe die Wellen. Ich ziehe mein Shirt aus, springe ins Wasser.

Wie in diesem Wellenbecken. So auf und ab. So ohne Stillstand. So fühle ich mich. So denke ich.

Es ist der Kater. Mein Kreislauf rebelliert. Er ist im Keller. Oder im Arsch. Aber was soll das?

Ich öffne mir ein Bier. *Netflix* an. Ist schön kalt. Ich ziehe es in einem Zug weg. Was kostet die Welt?

Ich schaue eine Serie über irgendwas Überirdisches an. Mit Geistern. Und Gedankenlesen. Mit an zwei Orten gleichzeitig sein. Und so 'nem Mörder. Und einer, die den Mörder jagt. Abgehoben. Undurchsichtig. Mit jeder Folge leere ich zwei Bier. Solider Rhythmus.

Es klingelt an der Tür.

Eine Frau steht da. Sie sieht fertig aus. Als ob sie nicht geschlafen hätte.

„Darf ich?"

„Natürlich."

Sie steht in meinem Wohnzimmer. Sie sucht sich 'nen Platz auf dem Sofa. Dazu schiebt sie meine Decke weg. Dann sitzt sie.

„Wollen Sie etwas trinken?"

„Kaffee. Wenn es kein Problem ist."

Die Frau schaut in meiner Wohnung umher. Eine Mischung aus Angst und viel Unsicherheit. Aber dann auch Mitleid.

Ich stelle die Kaffeemaschine an. Das ist schnell gemacht. Ich nehme mir ein neues Bier.

„Und Sie sind?", frage ich, während ich ihr den Kaffee hinstelle.

„Die Mutter."

„Die Mutter", wiederhole ich. Ich traue mich nicht, sie anzusehen. Sie mich auch nicht. Sie starrt auf den Fernseher. Ich auf das Laminat.

„Sie trifft keine Schuld. Sie konnten nichts dafür."

„Das sehen andere anders."

„Und Sie?"

„Ich weiß nicht", meine ich. Dann nehme ich 'nen Schluck vom Bier.

„*Die* haben ihn umgebracht. *Die* waren schon immer böse."

Sie weint. Dann zieht sie sich aus. Nicht nur den Mantel. Auch alles andere. Sie ist nackt. Und sie weint. Sie geht auf mich zu. Sie nimmt mir mein Bier aus der Hand. Sie zieht mich aus. Wir haben Sex.

Da bin ich zufrieden. Wirklich. Mir scheint die Sonne aus dem Arsch. Es stimmt: Manchmal muss erst was Gruseliges, was richtig Schlimmes passieren. Und danach. Danach läuft dann das Leben.

So ist es auch zwischen Johanna und mir. Sie wohnt jetzt bei mir. Sie ist einfach geblieben. Sie hat nichts dabei gehabt. Nur ihr Portemonnaie mit den wichtigen Ausweisen. Und natürlich ihr Smartphone. Wir reden nicht über die Vergangenheit. Die ist Geschichte. Die haben wir überwunden. Gemeinsam.

Macht mich das glücklich? Ja.

Die Teamleitung schreibt mich an, dass ich mal 'nen Anruf annehmen soll. Mache ich. Ich frage Standardzeug. Dann bin ich in einer Anwendung. Gebe schnell wieder Standardzeug ein. Und schon hat der Anrufer ein neues Passwort. So geht das bis 16 Uhr. Dann ist Feierabend. Ich klappe das Notebook zu. Arbeit vorbei.

Es folgen ein paar Liegestütze, Klimmzüge und Dips. Und ab in die Küche. Da wird gekocht. Frisch. Johanna bringt immer allerhand Dinge aus dem Supermarkt mit. Frisch und gesund. Ist wichtig, sagt sie. War es mir vorher nicht. Aber es schmeckt. Und es lässt sich daraus was machen.

War früher nicht so. Jetzt macht das echt Spaß. Tofu mariniert. Von beiden Seiten gebraten. Öl und Gewürze in die Kartoffeln massiert. Ab in den Backofen. Brokkoli gekocht. Danach wird er zerdrückt, gewürzt und zu den Kartoffeln geschoben.

Jemand kommt. Öffnet die Haustür. Johanna. Wieder mit Einkäufen. Diesmal aber aus dem Baumarkt. Da arbeitet sie. Da gibt es Prozente. Sie packt es im Wohnzimmer aus. Da sehe ich 'ne Folienrolle. Und Werkzeug. Viel Werkzeug. Zeug, das ich noch nie gesehen habe.

Ich stelle mich hinter sie. Ich küsse ihren Nacken.

„Wie war die Arbeit?"

„Ich liebe Home-Office."

Ich küsse ihre Wangen. Sie ist weiter mit dem Auspacken beschäftigt.

„Und bei dir?"

„Wie immer."

„Und was hast du damit vor? Willst du die Bude renovieren?"

Sie dreht sich zu mir um. Sie schaut mich ganz ernst an.

„Es ist an der Zeit."

„Es ist an der Zeit", wiederhole ich sie. Keine Ahnung für was. Aber Johanna und ich werden den nächsten Schritt gemeinsam gehen. Ist das Liebe?

Ich bin draußen. Weit draußen. Von der Stadt sehe ich noch vereinzelte Betonklötze. Aber nur noch ganz klein. Winzig. Und nur die Dächer. Und auch die verschwinden.

Ganz viel Stille. Also nicht so richtig still. So still von Menschen. Da rascheln Bäume. Da knistert es. Tiere geben etwas von sich. Aber kein Mensch. Außer mir. Und den Schritten, die ich auf den Gehweg drücke. Ein Stampfen und dann federe ich mich ab. Dazwischen puste ich. Und ziehe Luft ein. Erinnert an 'ne Dampflok.

Die Kurve. Die Stadt wird wieder sichtbar. Irgendwie auch schön. So auf etwas hinzulaufen. Etwas wird größer. Etwas wächst. Ein Ziel vor Augen. Da ist die Stelle zum Teamleiter. Da soll ich gute Chancen haben. Ich mache Karriere. In kleinen Schritten. Aber die Summe macht es.

Dann sind da wieder Autos. Sie rasen an mir vorbei. Sie sind nicht im Rhythmus. Ich schon. Und das ist mein Vorteil. Ich bin bei mir. In allem: Arbeit, Sport, Johanna. Alles ist gerade so rund.

„So schönes Wetter. Der Mai ist doch herrlich", meint meine Nachbarin.

„Ja, alles duftet so", erwidere ich und verziehe meine Nase, als würde ich 'ne Line Koks ziehen.

In der Wohnung. Im kleinen Flur stehen Johannas Schuhe. Sie hat früher Feierabend gemacht. Daneben fremde Sneaker. Etwas abgetragen. Wie von 'nem Kerl. Aber kleiner. Wie von 'nem zu kleinen Kerl. Einem, über dem man sich lustig macht. Den man Zwerg nennt.

Schüsse aus dem Wohnzimmer. Erst ganz dumpf. Dann ganz schnell. Wie ein Maschinengewehr. Dann redet irgendwer mit 'ner ganz tiefen Stimme. Sie kommt aus dem Fernseher.

Tür zum Wohnzimmer auf. Johanna sitzt auf dem Sofa. Neben ihr ein Junge.

Ich schaue sie verblüfft an. Sie schaut freudig zurück. Dann springt sie auch gleich auf. Sie gibt mir einen Kuss. Sie lächelt wie bei 'ner großen Überraschung. Als würde sie mir Tickets für den *Super Bowl* inklusive Flug und Übernachtung schenken.

„Das ist der Maxi. Maxi, mach doch mal auf Pause."

Maxi macht auf Pause. Er schaut mich an.

„Ihr kennt euch", sagt Johanna. Sie grinst wie ein Honigkuchenpferd. Es macht mir Angst.

Ich kenne Maxi. Er war da, als Johannas Sohn ertrunken ist.

Ich gebe dem Jungen die Hand. Stelle mich vor. Johanna drückt mir einen zweiten Controller in die Hand. Ich soll mitspielen. Ich spiele mit. Auch wenn ich das Spiel nicht kenne.

„Das will ich nicht", werfe ich ein.

„Meinst du, ich will das?", sagt Johanna. Sie hat das Messer in der Hand.

„Es macht ganz den Eindruck."

Maxi ist an einen Stuhl gefesselt. Johanna hat ihn geknebelt. Würde sie das Stück Stoff aus seinem Mund entfernen, würde er sofort losschreien. So schreit er in den Stoff hinein. Das sieht man. Er ist ganz rot. Er ist panisch, seine Augen ganz unterlaufen.

„Das ist für ihn. Das ist, damit das alles ein Ende hat", erklärt Johanna.

„Er ist noch ein Kind!"

„Deshalb ja. Weil er noch ein Kind war."

Johanna drückt mit der Klinge gegen die Kehle von Maxi. Tränen schießen aus seinen Augen. Der brüllt jetzt so laut. Da hilft auch der Knebel nichts.

„Niemand wird dich retten können. Das ist für meinen Sohn", schreit Johanna ihn an.

Ich ertrage das nicht. Ich kann das nicht. Ich liebe Johanna. Aber kann ich das hier? Kann ich sie so lieben?

Nein.

Ich schubse sie. Nicht mit aller Kraft. Ich will sie doch nicht verletzen. Es reicht aber. Das Messer fällt ihr aus der Hand. Es rutscht einmal über das Laminat durch das Wohnzimmer. Eine Fußleiste stoppt es. Johanna ist gegen eine Wand gestolpert. Sie hält sich den Arm. Ihre Augen speien Gift.

„Das ist falsch", erkläre ich.

„*Du* bist falsch!", zischt sie. Sie hat das Messer gesehen. Sie hastet hin. Ich auch. Sie ist vor mir da. Sie sticht auf mich ein. Ich kriege ihr Handgelenk zu greifen. Sie drückt. Ich drücke. Etwas knackt. Sie schreit. Das Messer fällt herunter.

Sie tritt mir in die Eier. Ich krümme mich, ringe nach Luft. Sie schnappt sich das Messer mit ihrer anderen Hand. Sie stürmt wieder auf mich zu.

Ich schlage um mich. Ich treffe sie. Sie fliegt gegen den Türrahmen. Sie geht zu Boden. Sie richtet sich auf. Sie heult.

„Du willst das nicht mit mir machen!", wirft sie mir weinend entgegen.

„Nicht das. Das ist zu viel."

Ich schnappe nach Luft. Johanna schnappt nach Luft. Ich überlege, wie wir aus der Situation herauskommen, ohne im Knast zu landen.

Aber Johanna lässt mich keine Lösung finden. Sie steht auf. Rennt los. Schnappt sich das Messer. Steuert Maxi an. Dann drückt sie das Messer in den kleinen Körper.

„Nein!", schreie ich.

Johanna weint. Dann reißt sie das Messer aus dem Jungen und schneidet sich in die Pulsadern.

„Johanna!", schreie ich. Ich weiß nicht, zu wem ich als Erstes laufen soll. Wen ich zuerst versorgen muss. Wen ich noch retten kann.

Ich rufe die 112. Ich schreie durchs Treppenhaus. Ganz laut.

„Hilfe!", rufe ich immer wieder.

Irgendwann kommen die Nachbarn. Dann die Rettungskräfte und die Polizei. Dann die Pathologie. Ich schildere einer Polizistin, was passiert ist. Sie notiert sich alles. Sie spricht mit Kollegen. Dann wieder mit mir. Sie schaut mich ganz mitleidig an. Sie berührt dann meine Schulter.

„Es ist nicht Ihre Schuld", flüstert sie zärtlich.

Muttersöhnchen

Mama nannte mich immer ’nen Rumtreiber. Wenn sie es gut meinte, machte sie ’nen *kleinen* Rumtreiber draus. War sie zornig, blieb es aus.

Es blieb oft aus. Mama war sehr oft zornig auf mich. Vor allem, wenn sie vom Alten kassiert hatte. Und das passierte regelmäßig.

Die Gründe? Vielfältig. Die Eintracht hatte verloren. Der Chef hatte ’ne Standpauke gehalten. Meine Schwester oder ich hatten ’ne 5 geschrieben, und so weiter. Einen Grund gab es für den Alten immer. Denn er hasste das Leben. Nicht das Leben an sich, das Leben, das er führen musste. Also, mit Mama und Arbeit und so. Ob er uns hasste? Keine Ahnung.

Uns schlug er nie. Uns ließ er in Ruhe. Ich weiß nicht einmal, ob er mit uns redete. Wir waren ihm egal.

Jetzt ist der Alte schon lange tot. Und meine Schwester auch schon. Sie genau 12 Jahre. Er dann über 20.

Meine Schwester war 16, als sie eins und eins zusammengezählt hat. Da wusste sie, wenn Mama von Papa auf die Fresse bekommt, bekommen die Kinder von Mama auf die Fresse. Es hat ihr gereicht.

Und da hat meine Schwester einfach ’ne Knarre gezogen. Hatte sie von diesen Arabern aus der Schule für ’nen Blowjob und ’nen Arschfick bekommen. Und dann hat sie dem Alten ’ne Kugel in den Hinterkopf gejagt, als er wieder auf Mama loswollte.

Er war sofort tot. Und Mama total wütend. Sie erschlug fast meine Schwester. Fasste sich dann aber und rief ’nen Krankenwagen. Meine Mama hatte die Hoffnung, dass der Alte noch leben könnte.

Es war die letzte Tracht Prügel für meine Schwester. Ihr Plan ging auf.

Sie kam hinter Gitter. Irgendeine Anstalt für Jugendliche. Da ging es auch noch etwas mit ihr.

Aber dann im richtigen Knast machte es knack in ihrer Rübe. Bei jedem Besuch fehlte da was. Vor allem Würde und Hoffnung. Dann hat sie es beendet. Mit ihrem Schlüpfer hat sie sich erdrosselt. Irgendwie am Bettgestell. Wie das klappen konnte, ist mir immer noch ein Rätsel.

Mich hat Mama weiter verprügelt. Deshalb habe ich mich auch immer so viel rumgetrieben. Sie versucht es auch heute noch. Deshalb treibe ich mich so viel rum. Nicht zu Hause zu sein, bedeutet keine Schläge.

Ich bin jetzt über 30; nie imstande gewesen, von zu Hause wegzukommen. Ein paar Mal hatte ich überlegt. Aber Mama allein lassen? Nein. Sie ist ja meine Mama und sie hat ihre Gründe für die Schläge. Und manchmal bin ich auch echt widerlich. Meistens habe ich Schläge verdient. Es ist schon wie ein Ritual.

Heute tut es nicht mehr weh. Ich bin zu stark. Und Mama ist zu schwach geworden.

Damals durfte mich kein Arzt sehen. Denen hat Mama immer von Treppensturz erzählt. Dass ich Footballspieler werden wolle oder so. Und noch weitere schlaue Lügen.

Ich sitze gerade im *Alt Berlin*. Es ist Samstag. Keiner arbeitet. Alle wollen saufen. Helene singt aus den Boxen. Ich schaue zur Tanzfläche. Sie schwingen ihre Hüften. Diese leckeren Mädchen. Die sind so einfach. So fröhlich. So ehrlich. So wie Helene. Ich würde sie gern umarmen. An ihnen riechen. Sie schmecken. Sie halten. Vor allem die Blonden. Die mit den ganz hellen Haaren und den ganz hellen Gesichtern.

In meiner Hand ist nur dieses Bier. Sie nennen es blond. Dabei ist es gelb und der Schaum weiß. Und es schmeckt bitter.

Frauen schmecken nicht bitter. Das weiß ich von Diana. Die ist nur leider nicht blond. Auch wenn sie für mich 'ne Perücke aufsetzt. Kostet mich auch nur 'nen 20er mehr. Die schmeckt so ein bisschen wie Erdnussbutter. Die Gesüßte. Gleichzeitig süß und salzig. Oh, wie ich es liebe, wenn ich Diana ablecken darf. Den 50er ist es wert. Ich will gar nicht in sie eindringen. Ich will sie nur ablecken und schnüffeln. Für 'nen 100er kann ich sogar ihren Schlüpfer haben. Einer hat noch 2 Wochen nach ihr gerochen.

Wie es wohl mit einer von diesen kleinen Blonden wäre? Die sind gar nicht so jung. Das ist nicht krank. Die sind vielleicht 10 Jahre jünger als ich. Sind bestimmt so Studentinnen. So Schlaue. Vielleicht interessieren die sich für so 'nen Erfahrenen?

Ich trinke weiter. Ich denke an nichts Besonderes. Ich denke nie an etwas Besonderes. Irgendwie nur an das Jetzt. Damit komm ich ganz gut klar. Denn das Gestern kann man nicht mehr ändern und von morgen weiß ich nichts. Deshalb ist es besser, nicht zu denken. Denn beim Denken verfällt man ja meistens ins Gestern oder Morgen.

Es riecht nach Bier und Schweiß. Ich mag das. Es ist so lebendig. Die Blonden machen eine Pause. Sie stehen gegenüber an der Theke. Eine bemerkt, dass ich sie ansehe. Sie sieht zurück. Und dann auf den Boden.

Die trinken Schnaps. Sie sind schon angeschossen. Dann tanzen sie weiter. Nicht mehr so steif. Sie sind jetzt locker. Sie ziehen andere Kerle an. Die sind schon zu locker. Zu besoffen. Sie werden abgewiesen. Deshalb spreche ich niemanden an. Ich werde immer abgewiesen. Ich wurde immer abgewiesen. In der Schule hat mich niemand gewählt.

Ein Schluck Bier, um nicht an das Vergangene zu denken. Ein Weiterer, um im Jetzt zu sein. Die Blonden trinken wieder Schnaps. Und noch einen. Eine übergibt sich fast. Dann stürmt sie raus. Die anderen nicht hinterher, sondern auf die Tanzfläche.

Ich muss ihr hinterher. Sie geht krumm. Sie wird angesehen. Sie sucht etwas. Sie will kotzen. Aber nicht vor irgendeinen Laden. Und auch nicht mitten auf die Straße. Dann biegt sie ab. So ein kleiner Park mit wenigen Bäumen. Ein paar Büsche. Dahinter verschwindet sie. Ich kann nicht anders. Ich muss ihr folgen.

Ich sehe sie kotzen. Ein Strahl. Sie würgt. Sie sieht mich. Ihre Augen stehen unter Tränen. Unser Blickwechsel ist endlos. Die Zeit steht still.

Jetzt brennt es in meinen Augen.

„Vergewaltiger!“, schreit sie.

Ich falle auf den Boden. Gras. Es riecht nach Pisse. Schläge auf den Kopf. Tritte in den Magen.

„Arschloch“, brüllt 'ne tiefe Männerstimme. Andere wiederholen andere böse Worte.

„Sollen wir die Bullen rufen?“, meint jemand.

„Nein, der hat nur geglotzt“, antwortet eine.

„'n Spanner“, meint jemand. Und tritt noch einmal zu.

Es sind Schmerzen. Wie früher bei Mama. Wie als Mama noch kräftig war. Und ich schwach. Ich schmecke Blut in meinem Mund. Ich schmecke die Vergangenheit. Ich schmecke Nostalgie. Geborgenheit. Irgendwie angenehm.

Hackordnung

Tobias wieder. Der reitet von einer Erfolgswelle zur nächsten. Und das mit einer Leichtigkeit. Als wäre Karriere rein instinktiv. So ein bisschen angeboren ist es ja auch bei ihm. Sein Vater war Abteilungsleiter. Und seine Mama Lehrerin. Da muss man ja was werden. Und erst diese Hütte. Da steckt Geld drinnen. Jetzt auch wegen des Jobs. Aber natürlich auch viel vom Erbe. Auch da hatte Tobias Glück. Sein Alter ist vor 4 Jahren an 'nem Herzinfarkt gestorben. Hat zu viel geraucht. Deshalb auch Tobias und der Sport. Schon fast exzessiv. Wie alles an ihm.

„Und du bist echt nicht sauer?", fragt er mich.

Ein bisschen enttäuscht bin ich schon. Aber gegen Tobias hatte ich einfach keine Chance. Da hat niemand 'ne Chance. Der steht über allem. Da konnte ich mit meiner Bewerbung nur scheitern.

„Nein, war ein fairer Wettkampf und du warst besser."

„Und dass ich jetzt dein Vorgesetzter bin?"

„Damit kann ich umgehen."

„Dich kriegen wir auch schon noch in 'ne Führungsrolle. Glaube nicht, dass du lange bei mir bleibst. Qualität setzt sich durch."

Und dann ist Tobias auch noch so kack freundlich. So auf dem Boden geblieben und nahbar. Wie so ein Business-Jesus. Als Kollege wurde er geliebt. Als Chef werden sie ihn vergöttern. Der ist ein Menschenfänger. Wär er böse, wär er ein Spitzen-Diktator.

„Ich will es hoffen."

Tobias reicht mir ein großes Glas. Da ist 'ne dickflüssige Suppe drin. Sieht aus wie Sperma von 'nem Bullen.

„Eiweiß, Magnesium und Kreatin. 15 Minuten vorm Training und wir werden heute alles killen", erklärt Tobias. Was er anfasst, packt er richtig an. Auch beim Sport. Das sieht man auch. Ich hab Skinny Fat am Bauch, er ein Sixpack.

Die Haustür seines Palastes öffnet sich. Marie kommt mit Neyla rein. Marie sieht wieder aus, wie aus dem Ei gepellt. Und in so einer Leggins könnte ich über sie herfallen.

„Papa, ich habe 'ne 1 in Rechnen", ruft die kleine Neyla. Sie rennt auf Tobias zu. Er kriegt noch 'nen Kuss.

„Guten Tag", sagt Neyla zu mir. Sie reicht mir die Hand. Ich erwidere nur den Gruß. Über so viel Anstand einer 6-Jährigen bin ich überrascht. Das machen meine Jungs nicht. Die sind so unerzogen. Die kann man keine 5 Minuten allein lassen. Deshalb ist Carla auch so drauf. Deshalb ist sie immer gleich auf 180. Die Jungs machen sie fertig. Und das macht mich fertig. Deshalb Überstunden und danach Sport. Dann brauche ich die Hölle zu Hause nicht so lang ertragen.

„Wir gehen los", sagt Tobias.

„Schade. Wo wollt ihr hin?", fragt Neyla.

„Zum Sport."

„Sport ist wichtig. Sport macht gesund. So habe ich ganz lange meinen Papa."

„Genau, und heute lesen wir."

„Ja, Janosch ist dran. Es duftet so nach Bananen."

Tobias küsst Marie. Sie greift kurz an seinen Bizeps und grinst.

„Ich liebe dich", sagt die dann zu ihm.

„Ich dich auch."

„Und du, pass auf meinen Mann auf", meint Marie zu mir.

Ich nicke.

Tobias fährt. Das ist wie meine Vorstellung vom Fliegen in der Zukunft. Guter Fahrer. Starkes Auto. Und schon sind wir im Fitnessstudio. Umgezogen. Ein paar Hände geschüttelt und wir sind an den Geräten.

„10 Minuten warm machen", meint Tobias. Er ist schon auf dem Laufband.

„Ich hasse das", sage ich und stehe dann auf dem Laufband neben Tobias.

„Hat mein Alter auch immer gesagt."

10 Minuten Laufband sind für mich der Horror. Das ist fast so schlimm wie ein Wochenende mit Carla und den Jungs. Dann sind wir endlich fertig.

„Ich fühle mich großartig."

„Dann lass uns gleich an die Bank", schlage ich vor.

Wir beobachten kurz 'nen Koloss, der 135 Kilo wie nichts drückt. Wir sind fasziniert. Ein ähnlicher Klotz unterstützt ihn. Der nimmt ihm die Hantel ab.

Dann sind wir dran.

„Lass das mal drauf", fordert Tobias.

Ich lasse die 135 Kilo dran. Dann stelle ich mich hinter die Bank. Er wird meine Hilfe brauchen.

„Mal sehen, was ich packe", meint Tobias und dann geht's los. Die erste Wiederholung schafft er tatsächlich. Bei der zweiten wackeln schon die Arme wie Pudding. Aber auch geschafft. Bei der dritten wird er ganz rot. Jetzt braucht er mich.

Ich sollte ihm beim Gewicht helfen. Aber ich kann nicht. Irgendetwas hält mich ab. Und dann sacken Tobias Arme zusammen. So als würden sie brechen. Und die Stange knallt auf Tobias Kehlkopf. So schnell. So ungebremst. Und ich stehe da. Ich schaue da nur runter, bringe kein Wort heraus. Dann schiebt mich jemand zur Seite. Andere heben die Stange von Tobias. Es wird nach einem Arzt gerufen. Und ich stehe da wie angewurzelt.

„Wie geht's dir damit?", will mein Chef wissen.

„Ich werde damit fertig", meine ich. Das werde ich auch irgendwie. Und das ist komisch. Tobias und ich waren mehr als nur Kollegen; wir waren Freunde. Und in den letzten Jahren habe ich sogar mehr Zeit mit Tobias verbracht als mit Carla und den Jungs. Und irgendwie fühle ich bei Tobias Tod nichts. Er ist einfach nur weg. Und die Zeit fülle ich jetzt mit anderen Dingen: Arbeit zum Beispiel. Die Jungs. Mal 'nen Film. Aber Tobias fehlt mir nicht. Und das fühlt sich nicht falsch an.

„Okay. Ich weiß, wie es mir dabei geht. Ich bin fix und fertig. Und wenn ich dann dran denke, wie dicke ihr beide wart. Du musst am Boden sein."

„Es geht", erwidere ich. Diese Unterstellungen nerven mich. Gerade, wenn es nicht stimmt. Muss man denn immer trauern?

„Dennoch möchte ich, dass du die Stelle übernimmst. Kriegst du das hin?"

„Natürlich."

„Aber wenn etwas ist, wenn du merkst, dass es zu viel ist - dann rede mit mir. Wir finden dann eine Lösung."

„Wird nicht passieren."

„Aber wenn."

„Dann rede ich mit dir."

Mein Chef klopft mir noch auf die Schulter, schaut mich besorgt an. Er wollte nicht mich für die Stelle, er wollte immer nur Tobias. Das war von Anfang an klar. Und jetzt bin ich der Notnagel. Der schnelle Lückenfüller. Weil er auf die Schnelle niemanden Besseres bekommen kann. Das weiß ich.

Dem werde ich es beweisen! Ich werde Tobias vergessen machen. Da werde ich zeigen, dass ich der Richtige bin für diesen Job.

Ich fahre nach Hause. Maries Auto steht vor unserer Einfahrt. Ich kann nicht auf meinen Parkplatz. Ich halte hinter Marie.

Dann gehe ich rein. Die Jungs schreien wieder wie am Spieß. Die können nicht leise spielen. Neyla sitzt in einer Ecke und blättert Bücher durch. Marie und Carla sitzen am Wohnzimmertisch. Neben Carla sieht Marie noch einmal besser aus. Sie hat einfach die perfekte Figur. So 'nen abgestimmten Look. Und Carla ist so zusammengewürfelt. So von allem etwas. Aber nichts so richtig. Mich schüttelt es kurz.

„Marie ist hier", meint Carla.

Als hätte ich es nicht gesehen. Sie sagt manchmal so komische Sachen. Was so auf der Hand liegt. Was ich selbst erkenne. Ich glaube, Carla ist doof.

„Sehe ich."

„Marie möchte dir etwas sagen."

„Ich bin gespannt."

Mein Herz schlägt schneller. Denn ich denke immer noch, dass ich von ihr Vorwürfe bekomme. Dass sie mich fragen wird, warum ich die Hantel nicht halten konnte. Warum ich nicht geholfen habe. Ob das Absicht war.

Das frage ich mich manchmal selbst. Und ich kriege keine Antwort.

„Tobias und du, ihr wart doch wie Brüder. Ich möchte, dass du sein Motorrad nimmst. Ich selbst habe da keinen Führerschein für und das wäre in Tobias Sinn."

Das war ein Hobby, das Tobias und ich nicht teilen konnten. Ich hatte dafür einfach nicht die Kohle. Ich habe zwar meinen Motorradlappen gemacht, aber nie 'ne eigene Maschine gehabt. Und Tobias Motorrad war so ein ganz spezielles und auch entsprechend kostspielig.

„Wow, danke. Ich bin sprachlos", meine ich nur und stehe da so doof rum.

„Dann nimm Marie wenigstens in den Arm."

Mache ich dann auch. Ganz fest. Sie riecht so gut. Und es kribbelt in mir.

„Wollt ihr nicht zum Essen bleiben?", frage ich Marie in meiner Euphorie.

„Ich habe doch gar nichts gekocht", wirft Carla ein.

„Wir bestellen was, es gibt etwas zu feiern."

„Oh, was?", fragt Carla neugierig.

„Ich bin jetzt der Boss. Ich kriege die Stelle von Tobias."

„Was? Mit dem Gehalt?", fragt Carla.

„Mit allem. Büro, Dienstwagen etc."

Carla springt auf. Carla drückt mich. Sie küsst mich.

„Nein danke, Neyla und ich wollen noch zum Friedhof", antwortet Marie. Sie steht auf.

„Das ist unglaublich! Da wird er total enttäuscht sein, dass du nicht kommst! Und das gerade gegen die. Da geht es um den ersten Platz. Er redet schon seit Tagen nur über das Spiel", erklärt mir Carla.

Ich würde das Telefon jetzt gern gegen die Wand schleudern.

„Er wird noch mehr Fußballspiele haben."

„Aber das ist ihm so wichtig. Das ist das erste Mal, dass ihm etwas so viel bedeutet."

Ich werde noch wütender. Ich schreie still. Ich sehe mich im Spiegel des Hotelzimmers. Wie ein Affe.

„Ich kann halt nicht immer da sein! Einer muss das Geld verdienen. So lernt der das."

„Und wer soll es ihm mitteilen?", fragt Carla.

„Gibt es sonst noch etwas?!"

„Nein, viel Spaß", meint Carla. Sie legt auf.

„Fick dich!", brülle ich ganz laut. Ich werde rot. Hoffentlich hat mich niemand gehört. Die macht mich fertig! Die Familie macht mich fertig! Das macht mich alles fertig!

Jetzt klingelt mein Diensthandy: mein Chef.

„Sind die Zahlen fertig?"

Es schießt durch meinen Kopf. Diese verfickten Kennzahlen. Die sind mir durchgerutscht. Der haut mir einfach zu viele Aufgaben rein. Einen Bericht hier, 'nen anderen Bericht dort und dann auch noch diese Dienstreise mit diesem Arsch von neuem

Kollegen. Dann soll der mir mehr Mitarbeiter geben. Dann kann ich auch liefern. Das hätte auch der tolle Tobias nicht geschafft.

„Ich kann mich leider nicht vierteilen."

„Manuel hat geliefert", meint mein Chef. Manuel ist mein neuer Kollege. Ein Arsch. Der schleimt sich ein beim Chef. Bei meinen Mitarbeitern. Der soll hier nicht den Macker machen. Der soll mich nur etwas unterstützen, um das Unternehmen kennenzulernen. Aber ich kenne solche Fucker. Der will meinen Job. Der will hier die Leitung übernehmen.

„Warum? Das ist doch gar nicht seine Aufgabe", werfe ich ein.

„Ich brauchte die Zahlen und er hat auf meine Mail geantwortet. Du nicht."

Ich habe mit Carla telefoniert. Mich einmal mehr mit ihr in den Haaren gehabt. Manuel hat keine Familie. Der hat keinen Klotz am Bein. Deshalb kann der so viel machen. Zeit ist unsere wichtigste Ressource. Und die wird von Carla und den Jungs gefressen.

„Dann hat sich das ja schon erledigt."

„Bist du überfordert?"

„Ich? Nein."

„Wenn du überfordert bist, finden wir eine Lösung. Du musst nur mit mir sprechen", meint mein Chef.

Ich weiß, was er will: Er will, dass ich mir meine eigene Unfähigkeit eingestehe. Damit er sagen kann, okay, ich helfe dir. Aber so wird er mich nicht los! Dann muss er sich schon selbst die Hände schmutzig machen und mich selbst degradieren. Er hat nur keinen Bock auf den ganzen Papierkram. Auf die unangenehmen Gespräche mit dem Betriebsrat. Ne, den Gefallen tu ich ihm nicht.

„Bei mir ist alles gut. Ich bin belastbar. Bei anderen bin ich mir da nicht so sicher."

„Bei anderen?" Er wird neugierig.

„Ja, gerade vor den Kunden merkt man da die Anspannung. Da werden Sachen versprochen, aber nicht eingehalten. Aber ich kriege das hin. Die vertrauen mir." Natürlich spreche ich über Manuel; ich lüge, ohne seinen Namen zu nennen.

„Okay, wir dürfen das Vertrauen der Kunden nicht verlieren. Dafür seid ihr da."

„Kannst dich auf mich verlassen."

Er seufzt noch in den Hörer. Dann legt er auf.

Es klopft an meiner Tür. Manuel. Wir sind zum Joggen verabredet.

„Bin gleich fertig", rufe ich. Ich ziehe mich schnell um. Dann öffne ich in Laufklamotten die Tür. War seine Idee. Er wollte so die Stadt erkunden.

„Hast du deine Karte?", fragt er mich.

Die habe ich natürlich nicht. Schnell zwei Schritte zurück ins Zimmer. Dann das Plastik in die Hosentasche gesteckt.

„Ich habe dem Chef die Zahlen geschickt", sagt er selbstgerecht, als wir die Treppe heruntergehen.

Dieser Penner! Ich kommentiere das nicht. Ich sollte ihn die Stufen herunterschubsen. Warum passiert dem kein Unfall? Mit Tobias hat es den Falschen getroffen.

Wir sind vor dem Hotel. Wir laufen los.

„Die Brücken sollen schön sein. Besonders die abgelegenen", meint Manuel. Er läuft schnell. Er läuft viel. Ich schnaufe jetzt schon. Das soll er nicht merken.

Dann laufen wir am Fluss entlang. Ist ein schöner Weg. Der führt heraus aus der Stadt. Die Menschen werden weniger.

„Echt schön", staunt Manuel.

Er kotzt mich an. Ich will ihn würgen. Ich will ihm wehtun. Ich hasse ihn.

Dann laufen wir über eine der Brücken. Das geht richtig steil hoch, damit die ganz großen Boote unten durchpassen. Manuel bleibt in der Mitte der Brücke stehen.

„Da will ich nicht runterfallen", meint er. Und es schießt durch meinen Kopf. Ich muss das jetzt selbst in die Hand nehmen. Will ich das? Bleibt mir etwas anderes übrig? Kann ich das?

„Lass uns mal weiter", fordere ich.

„Da will es aber einer wissen."

„Ja."

Wir sind am Ende der Brücke. Da, wo sie über das Stück Fußweg ragt. Nicht so hoch wie in der Mitte, dafür aber mit 'nem harten Grund.

Ich stoße Manuel mit voller Kraft. Er verliert das Gleichgewicht, stolpert gegen das Geländer. Ich stoße noch einmal – und dann ist er drüber.

Nicht weit vom Stamm

Der Kopierer macht irgendetwas. Fast geräuschlos. Dann der Drucker. Schon fast wie ein zartes Flüstern. War mal anders. So mechanisch. So aggressiv. So wie Wut. Und jetzt ist das Gerät so geschmeidig. Ändert sich alles? Und dann auch noch zum Guten?

Martin schaut um die Ecke. Dann stellt er sich zu mir. Einiges bleibt gleich. Martin bleibt gleich.

„Dachte schon, du bist nach Hause", meint er. Er stellt sich tatsächlich zu mir. Schaut, wie ich den Papierstapel sortiere.

„Es ist gerade 13 Uhr."

„Vielleicht biste ja auf halbtags gewechselt. Machen ja viele."

Das klingt vorwurfsvoll. Als würde ich irgendetwas falsch machen. Etwas vernachlässigen. Meinen Pflichten nicht nachkommen. Das macht mich sauer. Das Rechtfertigen. Mich rechtfertigen zu müssen macht mich immer wütend.

Blöde kapieren das nicht. Und Martin ist blöde. Und um nicht durch Idioten gesteuert zu werden, arbeite ich Vollzeit. Die hängen mich sonst ab. Und das nur, weil sie da sind. Wer da ist, der hat mehr Möglichkeiten als jemand, der gut ist. So sind die Regeln. Dann spiele ich mit.

„So", sagt Martin. Er mustert mich von oben bis unten. Als hätte ich mich zu den Tagen davor verändert.

„Ich mag deinen Look. Steht dir", schmeichelt mir Martin.

„Danke", sage ich. Dabei ist das gelogen. Er sabbert mich nur an. Er sagt das zu allen Kolleginnen. Martin ist unterfickt. Oder hat seinen Schwanz nicht unter Kontrolle. Der baggert uns alle an. Pausenlos.

Unser Chef kommt um die Ecke. „Was ist denn hier los? Kaffeeklatsch?"

„Ich helfe nur der Lena", schießt es aus Marc heraus.

„So sollte das sein. Schön dich zu sehen, Lena. Ich habe meine Home-Office-Tage extra parallel zu deinen gelegt", sagt der Chef. Er zwinkert. Ich lächle zurück. Gespielt.

Das Gerät ist fertig mit Drucken. Weg von dem Teil und den Kerlen. Zurück ins Großraum.

„Wollen wir was bestellen?", fragt Meike.

Die sieht vielleicht wieder aus! So, als würde sie zu Hause sein. Als würde sie sich 'nen Serienmarathon gönnen. Haare nur irgendwie zusammengesteckt. 'nen Hoodie. 'ne Schlabber-Jeans. Und Turnschuhe.

„Ne, will ein bisschen was runterkriegen."

Kurz E-Mails beantworten. Da sind neue Anfragen. Jemand will Informationen über Leasingraten. Ein anderer meldet den Tod seiner Ehefrau. Das schnappe ich mir. Das mögen die meisten nicht. Da müssen wir zurückrufen. Da wird es oft emotional. Kratzt mich nicht.

Auf meinem Tisch vibriert mein Smartphone. Es ist Malte.

„Wo hast du denn meine Sporttasche hingelegt?"

Er ist ungehalten. Ist er immer, wenn er gestresst ist. Und Malte ist fast immer gestresst. Nur wenn er Bier trinkt, ist er entspannt. Sonst nie. Ihn stresst alles.

„Nirgends."

„Ja, irgendwer muss sie ja weggenommen haben."

„Hast du schon mal im Keller nachgesehen? Da im Regal, wo die ganzen Sachen für den Flohmarkt liegen. Da wirfst du die gern drauf."

Ich höre Malte die Treppe hinabsteigen. Irgendwie wünsche ich mir, dass er stolpert. Mein Wunsch geht nicht in Erfüllung.

„Ok, sie ist da. Ich gehe jetzt zum Sport."

Er legt auf. Danke, du mich auch! Könntest regelmäßiger zum Sport gehen! Könnte ich aber auch. Aber da ist der Haushalt, da ist Luke, da ist dieser Job. Da ist keine Zeit für Sport.

Mein Chef taucht wieder auf.

„Ich brauche mal die Kennzahlen zur Kundenzufriedenheit vom letzten Monat."

„In einer Präsentation?"

„Am liebsten."

„Bis wann?"

„Gestern."

Mein Smartphone klingelt wieder. Mein Chef schaut kritisch.

„Ist der Kindergarten", lese ich auf dem Bildschirm. Dann nehme ich ab.

„Luke hustet ganz viel. Und seine Nase läuft. Sie müssten ihn abholen", höre ich.

„Endlich machen die da was. Geht ja so auch nicht weiter! Wir waren immer viel zu friedlich. Hätte schon viel früher passieren müssen", meint mein Vater. Er hat wieder diese Ader an seinem Kopf. Die Ader, die mich an meine Kindheit erinnert. Daran, wie er geschrien hat, als ich etwas falsch machte. Und dazu dieser Tonfall. Dieses Rechthaberische.

„Du wirst immer schlimmer. Da kann man sowieso nichts ändern", wendet meine Mama ein. Und auch sie wieder. So passiv. So vorwurfsvoll.

Ich nehme 'nen Schluck Kaffee. Blicke durch das Wohnzimmer. So viel hat sich in den letzten 15 Jahren nicht verändert: Die Topfpflanzen sind andere. Die massive Schrankwand musste einer schmalen von IKEA weichen. Und natürlich der Fernseher. Der ist jetzt flach und hängt jetzt an der Wand.

Luke rennt durchs Wohnzimmer. Er zischt. Er ist ein Flugzeug.

„Und die wollen jetzt auch an die Kinder. Verstehst du? Die wollen an dein Kind! Das soll dann irgendwo kämpfen. Da geht es aber nicht um unsere Freiheit. Sondern um die von irgendwelchen Fremden", erklärt mein Papa.

Luke kämpft schon. Gerade gegen irgendwelche Mutanten. Er stampft. Er tritt. Er ist in seiner eigenen Welt. Ich beneide ihn.

„Und Malte? Wie läuft es zwischen dir und Malte? Der muss ja immer so viel arbeiten", fragt meine Mama. Sie macht sich immer Sorgen um die Falschen. Sie stellt immer die falschen Fragen.

„Muss ich doch auch!"

„Brauchst du ja nicht. Malte verdient doch bestimmt genug. Da musst du gar nicht mehr arbeiten", vermutet meine Mama.

„Ich will aber arbeiten!"

Stille. Jeder nimmt einen Schluck Kaffee. Luke läuft auf seine Oma zu. Er springt mit Anlauf auf ihren Schoß.

„Vorsichtig", ermahnt ihn meine Mama.

„Oma, Oma ich will in den Garten. Komm mit in den Garten!"

Oma steht auf. Sie und Luke verschwinden. Ich bin mit meinem Vater allein.

„Und wie ist es sonst?", will ich wissen.

„Wie soll es schon sein? Deine Mutter macht mich verrückt."

„Also wie immer."

Wir schweigen uns an. Ich überlege, ob ich irgendetwas erzählen soll. Vielleicht von der Arbeit. Vielleicht davon, was Luke gerade im Kindergarten macht. Aber es würde wieder ins Politische abdriften. Er würde sich über die Regierung aufregen und ich mich über ihn. So läuft das immer. Früher redete er pausenlos von seiner Arbeit. Von seinem Stress. Das hat er alles nicht mehr. Jetzt ist sein Stress die Regierung. Der Mann braucht immer Stress. Und wenn er keinen eigenen Stress hat, sucht er sich den halt irgendwo.

Ich stehe auf. Gehe zur Fotowand. Ich vergleiche das Foto von Luke und mir, als wir etwa im gleichen Alter waren. Ich sah aus wie ein Junge. So, wie heute Luke aussieht. Wie Zwillinge.

Meine Mama zieht Luke zurück ins Wohnzimmer. Luke weint. Er ist wütend.

„Was ist denn los?", will ich wissen.

„Luke ist sehr böse. Er wirft immer mit dem Ball auf mich. Und mit bösen Kindern spielt die Oma nicht."

„Luke, du bist nicht böse. Aber man wirft nicht mit dem Ball auf die Oma, wenn sie das nicht möchte. Warum machst du das denn?"

Mein Vater zischt abfällig.

„Doch das ist böse. Sogar sehr böse. Das tut der Oma weh", meint meine Mama.

„Mama, was soll der Junge denken?"

„Er ist ein Kind. Was soll der schon denken", schaltet sich mein Vater ein.

Ich überlege kurz, ob ich mit Erklärungen ansetzen soll. Aber dabei bin ich dann zu dicht an Vorwürfen. Meine Eltern sehen meine Erziehung als Angriff. Als hätten sie etwas falsch gemacht. Sie sehen immer alles als Angriff gegen sich selbst.

„Wir müssen jetzt eh los", sage ich.

„Nein", jammert Luke.

„Doch. Der Papa kommt gleich nach Hause und wir wollen doch noch zusammen kochen."

„Wolltest du mich nicht irgendetwas fragen?", erinnert mich meine Mama an den eigentlichen Grund meines Besuchs.

„Hat sich schon erledigt."

Bei Caros 40sten wird Luke bei Maltes Eltern übernachten. Wie eigentlich immer. Wie konnte ich überhaupt auf die Idee kommen, meine Eltern fragen zu wollen.

Luke rennt sofort los zum Klettergerüst. Es reicht vom Boden bis ganz hoch in die Ecke. Auf allen Ebenen gibt es Plattformen. Da schaffen es auch die ganz Kleinen hin. Und alles ist umspannt von einem Netz, damit keiner rausfallen kann. Die Kinder müssen die Schuhe ausziehen.

Es riecht nach Schweißfüßen. Eltern sitzen auf Bänken um das Klettergerüst. Natürlich ist nichts frei. Da macht auch keiner Anstalten, für mich zu rücken. Dann wäre ja Platz. Aber alle brauchen ihren Abstand von den anderen. Deshalb stehe ich da so rum und schaue aufs Klettergerüst. Dahin, wo Luke rumtobt, wo Luke sich an anderen Kindern vorbeidrängelt. Das passt einigen Eltern nicht. Die suchen mit ihren Augen nach einem Elternteil, der für diesen Derwisch verantwortlich ist. Ich halte den Blicken länger stand.

„Ist das ihr Wirbelwind?", fragt mich einer. Er steht neben mir. Es ist so ein Typ, der lässig chic sein möchte, mit einer schwarzen Strickjacke und dazu Chucks. Sie sind viel zu geputzt. Und die Haare gescheitelt. Erinnert mich an einen modernen Nazi. 100% Bürotyp.

„Die da ist meine." Er zeigt auf eine Kleine, die gerade die erste Ebene erreicht hat.

Ich reiche ihm meine Hand. Ich weiß, was er will. Ich will das nicht.

Er sieht den Ring. Er zeigt mir seine Hand. Da ist auch ein Ring. Er zieht ihn ab und lässt ihn in seiner Hosentasche verschwinden.

„Luke", rufe ich. Er will nicht auf mich reagieren. Dann schaut er doch zu mir. Mama ist halt die Beste. Ich winke ihn zu mir.

„Ich will noch spielen!"

„Hier ist noch ganz viel zu spielen."

„Ich will aber das!"

„Da kommen wir wieder, wenn nicht so komische Leute hier sind", sage ich laut. Der Kerl hat es gehört. Er grinst arrogant. Ich würde ihm gern eine Backpfeife geben. Soll ich?

Das wäre aber überzogen. Und in diesem Indoor-Wissenschaftspark laufen sich alle andauernd über den Weg. Das wäre einen Nachmittag lang ein Spießrutenlauf. Kein Bock drauf.

„Komische Leute?", will Luke wissen. Ich habe seine Aufmerksamkeit. Ich nehme seine Hand und ziehe ihn weg.

„Der eine Mann war ein Popelfresser," lüge ich.

„Popelfresser?"
„Ja, habe ich genau gesehen."
Luke reicht die Aussage. Er läuft wieder vor. Er sieht eine Glasvitrine. Da sind ganz viele Maden und ein Kadaver eines Tieres. Die Federn lassen 'nen Vogel vermuten. Eine Kamera ist darauf gerichtet. Daneben ein Rekorder. Mit 'nem Drehknopf kann man da hin und her spulen. Man sieht, was passiert, während der Kadaver verschwindet. Luke dreht ihn interessiert hin und her.
„Mama, cool."
Dann läuft er weiter. Er drängelt sich immer wieder ohne Rücksicht an Hipster-Eltern vorbei. Die mit den Hoodies und den zu engen Hosen, wo von hinten nicht klar ist, wer Mama und Papa ist. Und die tauchen immer zu zweit auf. Machen einen auf heile Familienwelt. So gleichberechtigt.
Luke hält an einer Murmelbahn an. Er drängt gleich ein Kind zur Seite, älter und größer als er. Jetzt ist Luke dran. Er findet es witzig, wie die Metall-Murmel durch den Parcours rollt. Er rüttelt so lange an den Rohren, bis er fast eines abzieht. Es sieht aus wie ein kleiner Schlagstock.
„Sie müssen Ihrem Kind mal Benehmen beibringen!", meint ein Vater zu mir. Er ist der Papa des abgedrängten Kindes von vorhin. Es ist so einer, der ohne seine bekritzelten Arme und den Bart wie ein Milchbubi aussehen würde.
„Und Sie sagen mir das, weil Sie Erzieher sind?"
Ich schaue ihm direkt in die Augen und danach auf sein Kind. Es fängt fast an zu weinen.
„Sie haben ja 'ne Macke."
„Popelfresser!", ruft Luke. Er hält ein Rohr von der Murmelbahn in der Hand. Er schlägt auf das andere Kind ein. Immer wieder.
Es geht sofort zu Boden. Und da ist auch ganz viel Blut.
„Schnell weg hier."
Ich nehme Luke an die Hand. Wir verschwinden schnell aus dem Gebäude. Wir haben nicht weit entfernt geparkt. Irgendwo lässt er die Tatwaffe fallen.

Opas Nightmare

Das Telefon läutet nun bereits zum dritten Mal an diesem frühen Nachmittag. Schon mit den Nerven am Ende stolpert Gabi an den Hörer. Ihr gereizter Blick signalisiert Theo, dass er der Fernseher zu laut ist. Sofort greift er zur Fernbedienung. Die Stimmen des Mittagsmagazins werden leiser.

„Ich war doch vor einer Stunde bei dir“, sagt Gabi am Telefon. „Deine Wäsche ist gewaschen, du hast gegessen und deine Sendung ist auch eingestellt.“ Sie ist halb gereizt und halb verzweifelt.

Theo klebt an den Lippen seiner Mutter. Er weiß die Mischung aus Wut und Kummer zu deuten und auch, wer am anderen Ende der Leitung dafür verantwortlich ist.

Gabi hört eine Weile der aufgeregten und lauten Stimme zu. Dann entgegnet sie: „Es wird gleich jemand kommen. Mach dir keine Sorgen.“

Kurze Wortfetzen dringen noch durch den Hörer. Gabi legt auf. Sofort drücken sich Tränen aus ihren Augen. Sie lässt sich auf das Sofa fallen.

„Wieder Opa?“, fragt Theo wissend.

„Ich war heute Morgen da und auch heute Mittag bei ihm. Und jetzt will er mir irgendetwas zeigen. Ich kann einfach nicht mehr“, murmelt Gabi und heult weiter.

„Wenn Oma nur noch da wäre“, fügt Theo an. Er erkennt, dass er gerade die falschen Worte gewählt hat. Seine Mutter bricht noch stärker in Tränen aus. Sie hat den Tod ihrer Mama auch nach über 2 Jahren nicht akzeptiert.

„Du kannst doch so gut mit Opa“, sagt Gabi. Theo weiß, was sie damit sagen will.

„Ich fahre zu ihm.“

„Du bist ein Schatz. Wenn ich dich nicht hätte, würde ich durchdrehen“, meint Gabi, lächelt ihren Sohn an und wischt sich die Tränen von den Wangen.

Theo nimmt nur am Rande seines Bewusstseins die Musik im Smartphone wahr, während er an diesem feuchten Novembertag die drei Blocks zu seinem Großvater spaziert. Zu sehr vereinnahmen ihn die Kindheitserinnerungen, die er mit seinem Großvater verbindet.

Theo blickt gern zurück. Da waren die unendlichen Ausflüge in die Wälder der Umgebung, gepaart mit den spannenden Geschichten über Kobolde, Hexen und Baumwesen, die ihm sein Opa erzählte. Der kleine Theo war einerseits verängstigt, aber andererseits so sehr fasziniert, dass er von den Geschichten seines Opas nicht genug bekam. Doch durch das Heranwachsen verschwand das Interesse an den Märchen. Sein Opa erzählte trotzdem weiter, schmückte immer stärker aus, sodass Theo in der Pubertät nur noch genervt war und seinem Großvater einzig aus Anstand lauschte.

In den letzten Jahren verschlimmerte sich der Erzählwahn seines Großvaters noch einmal um ein Vielfaches. Es liegt am Tod der Oma und noch viel mehr an der fortschreitenden Demenz, welche Theos Opa vereinnahmt und ihn fast nur noch an die mystischen Geschichten erinnern lässt.

Theo dreht den Schlüssel der Wohnungstür um. Der Fernseher dröhnt laut in seinen Ohren, die heiße Heizungsluft lähmt seine Bewegungen und der Gestank von Urin erschwert Theo das Atmen.

„Ruhe, Ruhe, oder ich lege dich auf der Stelle um", hört Theo seinen Großvater aus dem Wohnzimmer brüllen. Theo folgt der Stimme. Dort sieht er seinen Opa mit zornigem Gesicht in seinem Sessel sitzen, in einer Hand die Fernbedienung, in der anderen seinen Krückstock.

„Opa", meldet sich Theo an. Sein Opa setzt mit zittriger Hand die alte Brille auf, schärft seinen Blick und erkennt die Umrisse.

„Theo! Mein kleiner Enkel. Musst du nicht in der Schule sein?"

„Ist schon aus", lügt Theo. Es hat keinen Zweck, noch einmal zu erklären, dass er schon seit Jahren die Uni besucht.

„Das passt ja wie Arsch auf Eimer. Ich muss dir unbedingt etwas zeigen", meint der Opa.

Theo ist jedes Mal wieder überrascht, dass sein Großvater immer öfter vergisst, wer er ist, aber sein Vokabular keinen Kratzer abbekommt.

Der alte Mann schlüpft in die abgetragenen Pantoffeln und stützt sich auf seine Gehhilfe. Er steht auf. Im Schritt des blauen Pyjamas zeigt sich ein feuchter Fleck.

„Hast du keine Windel um?“

„Keine Zeit. Ich muss dir etwas zeigen“, sagt der Opa aufgeregt.

„Ganz ruhig, willst du dir nicht erst etwas anderes anziehen?“, schlägt Theo vor. Doch sein Großvater schlurft mit langsamen Schritt in Richtung seines Schlafzimmers.

„Kannst du dich noch daran erinnern, was ich dir von meinem Vater erzählt habe?“

Theo weiß, welche Geschichte jetzt folgen wird. Er nickt.

„Der hat doch noch damals in Schlesien einen Kobold gesehen. Lief ihm einfach beim Pilze-Sammeln über den Weg“, erzählt der Opa.

„Ja, ich weiß.“

„Und mein Vater hat ihn dann fangen wollen, nur war der Schweinehund von Zwerg viel zu wendig und konnte entkommen. Und der hat doch meinen Vater noch verflucht. Der Grund, warum wir damals alles verloren haben und nach dem Krieg aus der Heimat vertrieben wurden.“

„Ich kenne die Geschichte.“

„Keine Geschichte, die Wahrheit. Deshalb haben wir alle kein Glück. Aber jetzt wird alles besser. Ich habe den Schweinehund von damals.“ Der Opa grinst bis über beide Ohren.

„Wie?“

„Der hat einfach an meiner Tür geklingelt und sich als einer vom Zirkus ausgegeben. Der wollte doch tatsächlich Geld von mir. Aber nicht mit mir, sage ich dir. Ich habe ihn kurz reingebeten und dann habe ich ihm eins mit meiner Krücke gegeben“, erzählt der Opa stolz.

Theo ist peinlich berührt. Die Demenz schreitet schnell voran. Bald müssen sie Opa ins Heim stecken.

„Öffne mal die Schlafzimmertür. Brauchst keine Angst zu haben“, fordert der Opa. Er hält seinen Krückstock fest umklammert.

Theo gehorcht. Er weiß, dass dort niemand ist und er gleich erklären muss, dass sich sein Großvater alles nur eingebildet habe. Worauf höchstwahrscheinlich eine Lüge oder ein Wutausbruch folgen wird.

Theo drückt die Klinke nach unten und schiebt die Tür nach innen. Sein Atem setzt für einen Augenblick aus, als sein Blick auf das Bett fällt.

Ein kleinwüchsiger Mann starrt ihn mit panischen Augen an. Aus dem geknebelten Mund entweichen nur verzweifelte Laute. Seine Arme und Beine sind mit Klebeband gefesselt, sodass sich der Kleinwüchsige auf dem Bett ergebnislos bewegt. Die Wunde auf seiner Stirn blutet.

„Jetzt wird alles gut", sagt der Opa und legt seine knochige Hand auf Theos Schulter.

Arm, aber sexy

Mir reicht es eigentlich. Bin irgendwo zwischen geilem Hengst mit überproportionalem Wortschatz und chronischem Hängengebliebenen mit debilen Blick. Trotzdem bestelle ich uns noch 'ne Mische.

„Rum, Rum macht schlau. Mit Cola", sage ich zum Barkeeper. Der nickt kurz. Dann macht er die Drinks.

Steini geht es ähnlich. Aber während meine Gefühlswelt zwischen kindlicher Heiterkeit und niederdrückenden Selbstzweifeln springt, ist er konstant wütend.

Wir sind so gleich und doch so unterschiedlich. Hat wahrscheinlich, wie so vieles, was mit unseren Alten zu tun. Aber wir kommen nicht aus dem Milieu, wo man sich damit beschäftigt oder zur Bewältigung Kohlen lässt. Oder drüber nachdenkt. Auch wenn ich es gern mache, weil es einem so schön die Verantwortung abnimmt: Schuld ist der Alte. Warum? Weil er ein Arschloch ist. Meiner ist eines und Steinis Alter auch. Da brauchen wir gar nicht drüber reden.

Die *Rum Colas* stehen vor uns, 'ne Mische, getarnt als Longdrink. Mit 'n bisschen Zucker und 'ner halben Limette und zwei Eiswürfeln. Der Barkeeper schaut mich erwartungsvoll an. Ich verstehe. Ich krame 'nen 20er raus.

„Passt", sage ich großkotzig und schaue gönnerhaft. Steini schnappt sich den Drink. Wir stoßen an.

„Wir brauchen Frauen", stellt er fest. Ich nicke. Deshalb sind wir hier. Deshalb sind wir in diese Stadt gefahren. Weil wir die Hoffnung haben, hier mehr Glück zu haben als bei uns. Weil das hier die Hauptstadt ist. Weil Berlin. Weil wir uns hier nicht auf so 'ne Ü-30 Party quetschen müssen. So 'ne armselige Fleischbeschauung mit dem längst abgelaufenen Rest, den keiner will.

Aber hier ist nichts für uns. Nur saufen und blöde aussehen.

Dann passiert es doch. Da kommen so zwei Frauen rein. Sie stellen sich auch gleich neben uns an die Bar.

Steinis Auftritt: Er geht auf sie zu. Sie sind nicht abgeneigt. Sie sind auch voll. Sie sind auch nicht von hier. Irgendeine Kleinstadt in Hessen. Hört man.

„Und warum hier?", will ich von der einen wissen. Braune Haare hat sie. So hinter die Ohren geschoben. Und große Augen. Schon fast schwarz. Und weiße Zähne. Sehr große, weiße Zähne. Die hat 'nen guten Zahnarzt.

„Weil Berlin! Weil mal so richtig Party. Bei uns gibt's nur so 'ne Großraumdisco. Und da sind wir zu alt für", erklärt die eine. Ich schaue auf ihren Finger. Sie sieht, was ich suche. Sie sieht, dass ich den weißen Streifen am Mittelfinger ihrer gebräunten Haut erkenne.

„Und weil ich hier Spaß haben kann. Anders als zu Hause", meint die Brünette.

„Und du?", fragt sie mich.

„Suche die große Liebe", scherze ich. Ist aber nur ein halber Scherz.

Irgendwie suche ich tatsächlich die große Liebe. Hoffe, dass sie eines Tages vor mir steht, wir uns anlächeln und dann gemeinsam in den Sonnenaufgang reiten. Keine Ahnung warum. Ich könnte mich selbst ankotzen. Vielleicht ist das der Grund, warum ich mit Ende 30 Single bin. Über ein Dutzend Beziehungen hatte, wovon nur die mit Merle länger als zwei Jahre war.

„Bist ein Süßer", sagt die Brünette und kneift mir in die Wange.

„Die Marina sucht auch die große Liebe oder halt ein romantisches Abenteuer. Ist verlassen worden. Deshalb sind wir hier. Und dein Freund? Ist der auch so ein Romantiker?", fragt sie mich.

„Steini! Bist du romantisch?", rufe ich. Steini dreht sich schnell zu uns.

„Ne, ich bin 'n 1a Liebhaber. Aber da nur so einmal verwendbar. Also eine Nacht. Die halte ich aus. Aber keine zweite. Romantisch bin ich nicht", sagt er. Dabei schaut er Marina an. Sie hat auch braune Haare. Sie ist etwas größer als die, mit der ich gerade geredet habe.

„Dann lass uns mal tauschen", meint die. Sie schiebt Marina zu mir und sich zu Steini. Sie betatscht ihn gleich. Meinen Scherz mit der Liebe hat sie nicht verstanden.

„Wollen wir es wagen?", sage ich zu Marina.

„Dein Freund hat mir echt Angst gemacht", sagt sie. Ich frage nicht nach dem Warum. Steini redet immer über Sex. Steini ist dreckig. Schon fast krankhaft. Er wird von irgendeinem Porno erzählt haben, den er gerade gesehen hat und den er jetzt in echt will.

„Hoffentlich nicht auch deiner Freundin?"

„Ne, das könnte passen", antwortet mir Marina.

Ich quatsche sie dann einfach voll. Rede über die Bank und die Langeweile dort.

„Aber so viel Geld. Da träumt man doch", entgegnet sie. Ich schüttele den Kopf. Dann frage ich sie aus. Und sie redet noch mehr. Und sie lächelt dabei, hört nicht auf. Steini macht schon mit seiner rum. Die sind ganz eng. Er will immer mit seinem Kopf an ihr Dekolleté. Sie schiebt ihn lachend etwas weg.

„Wenn wir noch ein bisschen was von Berlin sehen wollen, müssen wir los", meine ich zu Marina.

„Wir gehen kurz", meint dann Marinas Freundin. Sie zieht ihn weg. In Richtung Klos.

Marina und ich schauen uns verlegen an. Uns fehlt beiden die Leichtigkeit der beiden anderen.

„Kurz zum Druckabbau", meint Steini nach 15 Minuten und ein Bier für Marina und mich später. Er haut der anderen auf den Po. Ich weiß jetzt, dass sie Svenja heißt. Hat Marina erzählt. Ist 'ne ganz Verrückte. Deshalb auch die Kerle. Die kriegt immer, was sie will. Und ihr Mann hält die Füße still. Der weiß, was er verlieren würde.

Wir gehen raus. Wir ziehen umher. Wir landen in 'nem Club. Marina und ich tanzen. Steini und Svenja machen rum. Marina und ich tanzen enger. Irgendwie angestrengt. Ich trinke lieber. Sie ist dabei. Irgendwelche Drinks mit Wodka. Nächster Club. Gleiches Bild. Und die Wiederholung in einem dritten.

„Lass uns aufs Zimmer", schlägt Steini vor. Svenja betatscht ihn. Marina schaut mich erwartungsvoll an. Ich schnappe mir jetzt ihre Hand. Sie lächelt.

Die Hotelbar hat noch offen. Schnell 'nen Rum. Marina und ich prosten uns zu. Dann küsse ich sie. Alle im Fahrstuhl. Bisschen wie Tiere.

„Vielleicht können wir ja teilen", schlägt Steini vor, während ich die Zimmertür öffne.

„Ein Schwanz pro Nacht-Regel", meint Svenja. Sie wirft Steini auf sein Bett. Sie ziehen sich beide aus. Schon sind die beiden dabei. Ich habe Steini noch nie dabei gesehen. Es stört mich. Ihn nicht. Svenja reitet ihn.

Marina und ich legen uns auf mein Bett. Wir küssen uns. Neben uns stöhnen die beiden anderen. Die sind wie 'ne Dampflok. Verstörend. Ich konzentriere mich auf Marina. Küsse ihren Hals. Gehe dann langsam nach unten. Ziehe ihr die Hose aus. Lecke sie. Keine Regung.

„Wollen wir? Ist auch nicht so meins", sage ich. Ich schaue zur Tür. Mein Schwanz steht nicht mal. Ist mir mit 'ner Frau noch nie passiert. Und bevor sie es merkt, löse ich es lieber so.

„Du sorry, ich würde da lieber mitmachen", entgegnet sie. Und schon ist sie aus meinem Bett verschwunden. Sie küsst Svenjas Nacken. Die Frauen lachen. Dann setzt sie sich auf Steinis Gesicht.

Ich stehe da. Ich schaue dahin und irgendwie nicht. Ich fühle was, aber weiß nicht, was genau. Woher auch. So 'ne Situation ist mir absolut unbekannt. Ich will weg.

Bin ich dann auch. Ich ziehe mich an. Ich gehe raus. Ich springe in die erste Kneipe. Da schaut mich niemand an. Die schauen alle auf ihr Glas. Ich bestelle mir ein Gezapftes. Das kommt schnell. Ich starre da jetzt auch drauf.

I'm a Loser, Baby

Ich hüpfe. Immer wieder. Wie ein Flummi. Das Seil kreist um mich. Klatscht einmal auf den Boden. Und dreht sich dann wieder einmal um mich herum. Ich zähle nicht mehr mit. Brauche ich nicht. Braucht der Coach nicht. Macht 'ne App. Die klingelt jetzt. Ich stoppe. Ich bin warm.

„Jetzt mal runter", meint Arthur.

Ich gehorche. Ich gehe zu Boden. Stelle meine Hände auf. Mein Körper ist angespannt. Dann drücke ich mich runter, um mich danach wieder hoch zudrücken.

„Eins", brüllt Arthur.

Wir wiederholen. Bis 100. Dabei brauche ich nicht zu denken.

Dann geht es an den Sack. Kombination. Links. Rechts. Links. Arthur schreit mir zu, was ich zu tun habe. Ich führe nur aus. Es schmerzt etwas. Da ist der Punkt. Der, über den ich rüber muss. Der Punkt, der Verbesserung heißt. Ich ziehe es durch. Ich lasse es hinter mir. Ich lächle.

„Dein dämliches Grinsen treibe ich dir schon noch aus", droht mir Arthur. Das lässt mich nur noch mehr grinsen.

„Schneller! Links. Rechts. Links. Und jetzt will ich Geraden sehen. Links Seite. Rechts Seite. Links Gerade. Rechts Gerade. Und in die Deckung", befiehlt Arthur. Er wiederholt es. Er wird noch schneller. Meine Pumpe läuft auf Hochtouren.

„Und Stopp!"

Ich schnaufe. Ich greife zu meiner Flasche. Ich trinke. Ich ringe dabei nach Luft.

„Du bist gut in Form. Siehst auf jeden Fall besser aus als der andere", spielt er auf meinen Körper an. Ich gehe zur Spiegelfront. Spanne kurz an. Muskeln. Kaum Fett. Dafür würden viele etwas geben. Bei mir ist es ein Nebeneffekt des Jobs.

„Sieben Runden wirst du locker aushalten. Da wirst du noch gut aussehen", behauptet Arthur. Er legt seine Hand auf meine Schulter. Wir arbeiten schon Jahre zusammen. Mit niemandem verbringe ich mehr Zeit als mit ihm.

„Lusche!", ruft er einem langen Kerl zu. Der wendet sich vom Sandsack ab und sieht dann aufmerksam zu Arthur.

„Mach dich fertig, verdammt! Du machst Sparring!“, fordert Arthur von ihm. Der nickt kurz. Jemand setzt ihm 'nen Kopfschutz auf. Arthur übernimmt das für mich.

Dann stehen wir uns im Ring gegenüber.

„Und die Deckung. Immer die Deckung“, meint Arthur zu mir.

„Und du, Lusche! Gib ihm richtig! Kein Pardon. Wenn du ihn auf die Matte haust, besorg ich dir 'nen großen Fisch“, motiviert er Lusche.

Es funktioniert. Lusche gibt von der ersten Sekunde an alles. Und das ist viel. Der hat 'nen Bums. Der sitzt. Der trifft meinen Körper. Ich muss nach Luft schnappen. Die Deckung hochhalten. Lusche hat lange Arme. Lusche ist ein Lulatsch mit Kraft. Lusche sieht aus wie aus 'nem Reaktor gekrochen.

„Und jetzt mal Attacke“, fordert mich Arthur auf. Ich gehe auf den Körper. Ich schlage. Kombination. Ich bin schneller als Lusche. Ich komme durch. Linke Seite. Rechte Seite und wieder einen Harten auf links. Zu hart für Lusche. Er sinkt zu Boden.

„Stopp“, brüllt Arthur. Er läuft auf Lusche zu. Er hält ihn. Arthur schaut mich vorwurfsvoll an.

Irgendwo im Pott; Duisburg oder Herne oder Gelsenkirchen. Die Hallen hier sind alle gleich. Auch das Publikum. Aber die zahlen gut. Die trinken. Die machen Stimmung. Anders als in Oldenburg oder München oder Frankfurt. Da liegt entweder der Hund begraben oder es gibt Stunk. Im Pott wird geboxt. Ehrlich. Wie früher. Was auch immer das heißen soll. Arthur ist hier hergekommen, als er aus Kasachstan zurückkam. Beziehungsweise seine Familie zurückkam. Er und seine Eltern sind in der Sowjetunion geboren. Seine Großeltern hatten irgendetwas mit Deutschland zu tun. Aber was, das erzählt er nicht. Er hieß bei der Geburt eigentlich anders. Die Eltern haben ihm dann 'nen deutschen Namen gegeben. Damit er es hier einfacher habe. Dabei war Arthur wie ein Brandmal. Jeder wusste, dass er aus dem Osten kam.

„Jetzt raus da. Wie geplant“, motiviert mich Arthur in der Umkleide. Er schlägt mir auf die Schulter. Dann höre ich meine Einlaufmusik: *Mein Block*. Die Zuschauer buhen. Ich bin der Fremde. Ich kämpfe gegen den Lokalhelden.

Einlauf. Niemand jubelt. Einige werfen sogar Becher. Die fiebern mit. Ein bisschen wie beim Wrestling.

Dann mein Gegner. Seine Musik. Die jubeln. Dann ist er auch im Ring. Da läuft 'ne Dame rum. Ganz hübsch. Trägt die eins. Der Ringrichter holt uns. Erzählt uns was. Ich höre nicht zu. Ich kenne das. Und dann geht's los.

Er stürmt auf mich zu. Er ist langsamer als ich. Ich lasse ihn mich trotzdem treffen. Er hat keinen Bums. Ich befreie mich. Ich gebe ihm. Er ist irritiert. Er weiß nichts von mir. Er weiß bestimmt auch nicht, was passieren wird. Die sind meistens nicht involviert. Das wäre schlecht fürs Ego. Wäre ein Mitwisser mehr.

Gong. Runde zwei. Die ist nicht der Rede wert. Genauso wie drei und vier. Das Publikum wird langsam unruhig. Es ist ihnen zu langweilig. Ich fasse mir ans Herz. Ich stürme auf ihn zu. Eine Kombination. Die lässt ihn in die Seile taumeln. Ich schlage auf die Seiten. Er stöhnt. Dann lasse ich ab. Er kann sich besinnen. Ich tänzele. Er will mich schlagen. Ich weiche aus. Ich kontere. Wieder retten ihn die Seile. Einige im Publikum klatschen mir jetzt zu. Sie wissen, dass ich besser bin. Gong.

„Bist du Banane? Halt dich an unseren Plan!", motzt mich Arthur an.

Ich antworte nicht. Es wäre überflüssig.

Es geht weiter. Ich lasse ihn. Er trifft nur meine Deckung. Ich halte sie etwas nach unten. Er trifft mich langsam. Er vertraut sich mehr. Er lässt seine Verteidigung jetzt auch unten. Einladend.

Ich muss einfach: Ein Treffer an seiner Wange! Die schmerzt. Die hat gesessen. Die hat ihn beeindruckt. Das Publikum raunt. Mehr auf meiner Seite.

Ich lasse ihn mich weiter treffen. Schläge, wie von 'nem Knaben. Er hat den Glauben an sich verloren. Gong. Ab in die Ecke.

„Jetzt werd nicht bescheuert. Du bist zu schlecht dafür! Das hatten wir doch", erinnert mich Arthur.

Ich starre ins Nichts. Ich kann es nicht mehr hören. Ich will es auch nicht glauben. Ich spüre etwas ganz anderes. Ich bin nicht schlecht genug!

„Oder willst du alles aufs Spiel setzen? Dich und mich? Willst du irgendeinen scheiß Job haben? Tür auf dem Kiez? Taxifahren?

Oder in der Produktion? Oder so im Büro?“ Arthur holt mir meine Albträume vom geregelten Leben ins Gedächtnis zurück.

Gong. Runde sieben. Ich lasse ihn. Er trifft. Er schlägt weiter.

„Hurensohn“, stoße ich aus. Nicht zu laut. Gerade so, wie es mir der Mundschutz erlaubt. Gerade so, dass er es hören kann. Ich will ihn reizen.

Er wird zorniger. Die Schläge härter.

„Hurensohn“, sage ich erneut. Jetzt dreht er auf. Er gibt mir auf die Seite. Er kombiniert. Er bemerkt endlich meine miese Deckung. Es gibt auf die Glocke. Ich will ihn noch einmal beleidigen. Aber keine Chance. Ich kriege eine auf die Mütze. Alles wird schwarz.

Ich liege auf dem Boden. Arthur ist bei mir.

„Geht's?“, will er wissen. Er tätschelt mich. Ich höre wie sie schreien. Wie das Publikum den Namen meines Gegners ruft.

„Ja“, sage ich ohne Mundschutz. Der ist mir rausgefallen.

„Ich hatte schon Angst, dass du vergisst, wer du bist“, meint Arthur.

„Vergesse ich nie“, antworte ich.

„Bei so vielen Schlägen kann man schon plemplem werden“, behauptet Arthur. Er zieht mich hoch. Ich stehe im Ring. Arthur reißt mir die Handschuhe ab.

Ich gehe zum Gegner. Ich strecke ihm die Hand entgegen. Er schaut mich böse an.

„Entschuldige dich“, fordert er.

„Sorry“, meine ich.

„Bei meiner Mutter“, fordert er.

Ich verstehe nicht.

„Sag, dass es dir leidtut! Sag: Es tut mir leid, dass ich sie Hure genannt habe!“

„Es tut mir leid, dass ich sie Hure genannt habe“, wiederhole ich. Ich habe echt kein Rückgrat.

„Der King of the Ring und seine Mutter verzeihen dir“, sagt er zu mir und reicht mir seine Hand. Er ist ein Idiot. Ein richtiger.

So eine Bar in einer Innenstadt; könnte Köln, Berlin oder Frankfurt sein. Nur nicht Hamburg. Die sind da anders. Die sind nur da anders. Aber auch nicht viel besser. Ich bin da also in so einer Bar im Pott nach meinem Kampf. Die Spiegelfront hinter der Theke zeigt mir meine Wunden auf. Ich sah schon einmal schlimmer aus. Bin nur etwas angeschwollen. Man könnte mich auch für 'nen Säufer halten.

„Nen Mojito. Aber nur mit der Hälfte an Rum", bestelle ich. Nach 'nem Kampf haut mich der Alkohol immer richtig um. Habe 'nen Monat gar nichts angerührt, um 'nen entsprechenden Körper zu kriegen und dann auch noch die Anstrengung von vorhin. Hab da auch schon ganz viel Scheiße produziert. Läden ausgeräumt. So mit Barhocker durchs Lokal schleudern und Typen hinterher. Das brauche ich nicht mehr. Das hat mich auch so ein bisschen hierher gebracht. Habe nie die Kontrolle über mich halten können. Habe das erst gelernt, als der Zug schon abgefahren war.

So 'ne Kleine setzt sich zu mir. Schwarzer Cardigan über 'nem weißen Top. Ich sehe 'ne enge, schwarze Hose. Flache Schuhe. Schwarz gefärbte Haare und sehr gebräunte Haut. Irgendwie stehen auf mich immer diese Frauen aus dem Solarium.

„Aufs Maul bekommen?" Sie betrachtet mein Gesicht.

„Solltest mal den anderen sehen." Es ist meine Standardantwort.

„Warum machste denn sowas?", will sie wissen.

„Berufsrisiko."

„Biste bei den Bullen?", fragt sie. Sie lächelt mich an. Sie hofft, dass ich ein Cop bin. Merkt man. Sie sucht 'nen Beschützer. Und Cops können das gut.

„Ne, Boxer", antworte ich.

„Kennt man dich?", will sie wissen. Sie schnappt sich schon ihr Smartphone. Sie hofft, so 'nen Namen zu bekommen ohne Fragen zu müssen.

„Ne, bin mehr im Hintergrund."

„Sparring oder wie das heißt?"

„Ne."

„Also Trainer", behauptet sie.

„So ähnlich. Ich motiviere", meine ich.

„Und dann wird man so zugerichtet? Ich hoffe, es lohnt sich", entgegnet sie mir.

Es lohnt sich mehr als ein Bullshit-Job. Arthur bezahlt mich fest. Ich bin sein Angestellter. Krankenversicherung und Rente. Dafür muss ich auf die Fresse bekommen. Nicht immer.

Schließlich ist alles so halboffiziell. In den Statistiken brauche ich auch Siege. Aber meistens kassiere ich, damit wir durch die Niederlagen kassieren. Ich bekomme Geld, verliere Würde.

„So sehr, dass ich dich einladen will", sage ich. Ich zeige dem Barkeeper an, dass die Kleine etwas auf meine Rechnung bestellen darf. Sie nimmt 'nen *Sex on the Beach*. Sie bestellt ganz laut. Beim Sex schaut sie mich an. Sie grinst.

„Bist nicht von hier", stellt sie fest.

„Bin nicht von hier", bestätige ich.

„Wo pennste denn?"

„In 'nem Hotel. Pennst du da heute mit mir?", frage ich. Sie lacht. Der Barkeeper stellt ihr den Cocktail vor die Nase. Sie zieht am Strohhalm.

„Muss ja jemand auf dich aufpassen", entgegnet sie mir.

Wir trinken aus. Dann verschwinden wir. Wir stellen uns nicht vor. Sie würde meinen Namen eh wieder vergessen. Mein Name wird immer vergessen. *Ich* werde immer vergessen. Ich spiele keine Rolle. Ich motiviere nur.

Kausalkette

„Die sind alle das Letzte! Wirklich alle! Hörst du?"

Mama schaut mich ernst an. Sie schaut eigentlich immer ernst. Aber wenn es um Männer geht, dann hat sie eine noch finstere Miene als ohnehin schon. Kann ich verstehen. Sie hat da so einiges durchgemacht. Also so richtig viel. Ich kann mich da nur an weniges erinnern. Auch mehr so an Fetzen. Aber sie muss wirklich gelitten haben.

„Ja", antworte ich.

Ich schaue kurz in den Himmel. Es ist ein warmer Maiabend. Mama und ich sitzen draußen im Garten. Ich rauche. Sie trinkt einen Prosecco.

„Gut. Deshalb sind wir ja auch hier. Hier sind wir sicher. Hier haben wir uns."

Sicherheit. Mama ist meine Sicherheit. Das war sie schon immer. Und ich habe ja nur Mama. Schon seit fast 30 Jahren. Sonst habe ich nur viele Enttäuschungen gehabt. Von Freundinnen und vor allem von Männern. Die wollen immer nur das Eine. Und dazu auch noch bestimmen, wer man sein soll. Was man zu tun hat. Es ist besser, wenn man sich nicht an den Männern orientiert. Es ist besser, ohne die zu leben. Außerdem habe ich Mama. Da brauche ich niemanden sonst.

Oskar kommt um die Ecke. Oskar ist Mamas Ehemann, mein Ersatzvater seit 20 Jahren. Mama zog mit mir gleich nach der Trennung von meinem Erzeuger zu ihm. Oskar ist ein Trottel. Aber Oskar hat Geld. Hat nie etwas ausgegeben und immer gut verdient. Oskar trinkt nicht, Oskar hat keine Ansprüche, Oskar existiert einfach. Ich glaube, Oskar hat meine Mama nur geheiratet, weil es normal ist, dass man jemanden hat. Deshalb mag ich Oskar irgendwie. Nur deshalb suche ich nach jemandem. Weil es normal ist.

„Was willst du?", fragt meine Mama.

„Mein Handy. Das geht nicht. Ist aus", sagt er. Er hat so etwas Kindliches. Er ist allein nicht überlebensfähig. Ohne meine Mama wäre er nichts.

„Bist wieder zu blöde. Seit du in Rente bist, geht dein Gehirn aus. Wird immer kleiner", meint Mama und lacht.

Oskar steht vor uns wie ein Schuljunge, der eingemacht hat. In seiner Hand hält er das Smartphone.

„Jetzt gib schon her", fordert Mama. Sie ist knapp zehn Jahre jünger als Oskar. Und davon sieht sie auch noch einmal knapp zehn Jahre jünger aus, als sie eigentlich ist. Sie wurde schon oft für meine große Schwester gehalten.

Oskar reicht ihr das Handy.

„Ist tot. Da brauchst du den PUK. Steht doch dort. Und weißt wieder nicht, wo du den hast, was?"

Oskar überlegt. Man sieht in seinem Gesicht, wie er nachdenkt. Er ist ein Trottel.

„Nein, weiß ich nicht."

„Im Arbeitszimmer. Da ist ein roter Ordner. Ein roter, hörst du? Da wird der PUK drinnen sein. Schau da mal nach."

Oskar dreht ab und verschwindet wieder im Haus. Ich zünde mir 'ne neue Zigarette an.

„Du rauchst zu viel, hörst du? Musst aufhören! Habe ich auch geschafft", sagt Mama.

Sie legt dabei zärtlich ihre Hand auf meine Schulter.

Jetzt fährt ein Auto vor. Es klingelt an meiner Tür. Ich wohne direkt in der Etage über Mama und Oskar. Aber eigentlich wohnen wir alle zusammen. Meine Etage ist mehr wie ein großes Zimmer. Da ist zwar 'ne Küche, aber ich esse immer mit Mama. Sie kocht so lecker.

„Er ist da", sage ich.

„Und denk dran. Die sind alle Schweine", meint Mama. Dann grunzt sie. Sie lacht. Ich lache auch. Sie ist so witzig. Und das bei allem, was mein Erzeuger ihr angetan hat. Wie er sie angeschrien hat. Wie er immer besoffen war. Wie er die Einrichtung demolierte. Wie er ihr Geld am Automaten verzockte. Ich verstehe, warum sie den verlassen hat. Ich verstehe, warum sie nicht wollte, dass ich Kontakt zu ihm aufnahm. Ich verstehe Mama so sehr, dass ich ihr jetzt schon ein schlechtes Gewissen gegenüber habe, weil ich mich mit Robin treffe.

Ich gehe zur Tür und mache auf. Robin steht da. Robin hat in der einen Hand einen Strauß Rosen. In der anderen hat er eine Einzelne.

„Der Strauß ist für dich. Die Einzelne würde ich gern deiner Mutter überreichen", sagt er.

Wir gehen zu meiner Mama in den Garten.

„Die ist für Sie“, sagt Robin.

„Damit kriegst du mich aber nicht rum. Und meine Tochter auch nicht“, meint Mama.

„Sollte nur eine Geste sein“, rechtfertigt sich Robin.

„Ein Geste? Eine Geste. Ein Rosenkavalier biste! So ein richtiger. Dass ich nicht lache!“, meint Mama. Sie nimmt ihm die Rose ab.

Ich ziehe Robin in meine Etage.

„Ich finde die schön. Danke“, sage ich dort zu ihm und drücke ihm einen Kuss auf die Wange.

Ich summe eine Melodie. Ich weiß nicht von welchem Song. Ich weiß nicht warum. Mir ist einfach nach Summen.

„Da ist ja mal jemand gut gelaunt“, meint Geraldine.

„Ja, ne.“

„Gibt es einen Grund?“

„Nur so“, antworte ich. Ich räume die Spülmaschine aus. Das macht sonst keiner in der Gemeinschaftsküche. Normales Verhalten in einem Großraumbüro. Ein Dummer findet sich immer. Hier bin das ich.

„Komm schon. Da gibt's 'nen Kerl. Haste 'nen Neuen? Erzähl schon!“

Ich überlege. Geraldine und ich sind Kolleginnen. Nicht mehr. Seit circa einem Jahr. Sie ist nicht von hier. Sie ist aus dem Pott. Das hört man. Das merkt man. Die lässt sich nicht die Butter vom Brot nehmen. Die hat Haare auf der Zunge. Ich mag das. Weil sie sich vorm Chef auch mal für mich einsetzt. Und irgendwie mit allem auch für alle.

„Ja.“

„Ja? Und weiter? Wie heißt er? Was macht der? Und vor allem, wie sieht er aus?“

Ich erzähle ihr von Robin. Dabei wird's mir ganz warm.

„Vielleicht endlich Mister Right. Habt ihr schon?“

„Haben wir was?“

„Na, du weißt schon.“

Ich werde rot.

„Ist schon Kaffeekränzchen?“, beschwert sich jemand. Es ist der Supervisor.

„Jemand muss sich ja um die Spüle kümmern“, wirft Geraldine gleich ein.

„Aber nicht jetzt. Die Line brennt. Also hopp an die Hörer! Die drehen gerade durch. Ein Anruf nach dem nächsten. Ist 'ne Großstörung“, meint der Supervisor.

Er schaut uns an. Er erwartet, dass wir alles stehen und liegen lassen. Machen wir dann auch.

Nach fast zwei Stunden Dauertelefonie wird's ruhiger.

„Du schuldest mir noch 'ne Antwort. Habe ich nicht vergessen“, grinst Geraldine. Sie schaut über die Lärmschutzwand zwischen unseren Arbeitsplätzen.

Mein Handy vibriert: 'ne *WhatsApp* von Mama. Sie bittet um schnellen Rückruf.

„Später. Ist gerade wichtig“, sage ich zu Geraldine. Ich verschwinde auf den Flur.

„Oskar ist tot“, sagt mir Mama.

„Ich komme gleich“, antworte ich. Und irgendwie ist alles um mich herum plötzlich ganz still. Ganz bedeutungslos.

Zu Hause sehe ich Oskar. Er liegt auf dem Boden der Küche. Mama sitzt am Küchentisch. Sie blickt auf Oskar hinab.

„Wie?“, will ich wissen.

„Ist einfach umgefallen. Die Organe. Haben versagt. War wohl die Leber. Konnte nicht mehr.“

„Deshalb ist er so gelb geworden?“

„Kann sein. Wollte ja nicht hören. Wollte nie zum Arzt. Dummer, alter Mann.“

„Und jetzt?“, frage ich.

„Die holen ihn gleich. Dann ist er raus“, meint Mama kühl. Sie steht auf und geht zum Spülbecken. Sie spritzt *Pril* hinein. Dann lässt sie Wasser einlaufen.

„Und was machen wir jetzt?“, frage ich. Ich habe sofort Angst, dass wir hier raus müssen. Das Haus gehörte ja schon Oskars Eltern. Und irgendwie finde ich es gerade falsch, hierzubleiben.

„Wir bleiben natürlich hier. Ist jetzt unser Haus. Endlich“, sagt meine Mama.

„Okay ..."

„Jeden Tag immer einen Schuss Pril. Dauert, aber wahr. Ist so sicher wie das Amen in der Kirche. Schmeckt man in Soßen nicht raus", sagt meine Mama. Sie wäscht weiter ab. Sie wirkt glücklich.

„Aber … Ich verstehe das nicht", meint Robin. Er schaut einfach nach draußen. Aus dem Fenster. Dann nimmt er einen Schluck aus der Tasse. Sahne hängt in seinem Bart.

„Es ist so", sage ich. Ich schaue ihn an. Ich erwarte einen Blick, irgendetwas. Aber er sortiert seine Gedanken.

„Das kann doch auch gar nicht sein! Wir hatten nur einmal."

„Du warst der Einzige im letzten halben Jahr. Kein anderer. Ich bin nicht so eine", beteure ich.

Ist auch so. Kommt sehr selten vor, dass ich Lust auf Sex habe. Hatte ich eigentlich meistens nur, um die Männer nicht zu verlieren. Bei Robin wollte ich wirklich. An dem Tag hat es überall gekribbelt. Und er sah so schön aus. Hat so gut gerochen. Und er hatte seine Wohnung extra geputzt. Da war alles perfekt.

„Und warum hast du so lange gewartet? Deine Tage müssen doch schon mehrfach ausgesetzt haben."

Er sieht mich jetzt grimmig an. Ich weiche dem Blick aus. Ich weiß es ja selbst nicht. Gefürchtet hab ich mich. Deshalb bin ich nicht zum Arzt. Deshalb habe ich nicht getestet. Deshalb habe ich mit niemanden darüber gesprochen. Was niemand bestätigt, kann nicht wahr sein. Aber jetzt war ich bei Frau Dr. Schobel. Routinetermin. Und da hat sie mich getestet. Da war klar, dass ich im 4 Monat bin.

„Das ist halt passiert. Ich habe mir nichts dabei gedacht", lüge ich.

„Oder ist das so ein abgekartetes Spiel? Du suchst dir einen aus und der darf dann für dich und das Kind zahlen?"

„Nein!"

„Dir ist doch klar, dass ich 'nen Test will, oder? Vorher erkenne ich keine Vaterschaft an. Vorher siehst du keinen Cent", sagt Robin.

Er steht dann einfach auf. Er geht. Er verlässt das Café. Kein Blick zu mir. Ich sitze da jetzt allein. Mit dem Kind im Bauch, seinem unbezahlten Café mit Sahne und meinem Orangen-Saft. Ich weine. Die Tränen kommen einfach so.

„Kann ich etwas für Sie tun?", fragt mich die Bedienung.

„Nein, nur schnell zahlen", antworte ich. Sie erfüllt mir sofort den Wunsch.

Ich fahre mit dem Bus nach Hause. Ich heule die ganze Zeit. Ich kann es nicht zurückhalten. Nicht verbergen vor all den anderen. Und irgendwie will ich das auch nicht. Ich will einfach von jemandem in den Arm genommen werden.

Zu Hause sieht mir Mama gleich an, dass etwas nicht stimmt. Sie nimmt mich in den Arm. Das ist wie Balsam für die Seele.

„Was ist denn?", will sie wissen. Sie hält dabei mein Gesicht. Ich krieg es nicht raus.

„Na sag schon, mein Kind. Was ist denn?"

„Mama."

„Erzähl's mir."

„Ich bin schwanger."

Jetzt kann ich mich gar nicht mehr zurückhalten. Ich kriege kaum noch Luft, so sehr muss ich schluchzen.

Mama schaut mir fest in die Augen. Als würde sie das eben Gesagte irgendwo nachlesen wollen.

„Kind, wiederhole das."

„Ich bin schwanger. Und schon im vierten Monat."

„Im vierten Monat. Guter Gott!", sagt meine Mama. Sie wendet sich von mir ab. Ich sehe ihren Rücken. Es kommt mir vor wie eine Ewigkeit.

Dann dreht sie sich um. Nimmt mich in den Arm. Sie drückt mich fest an sich. Ihre Umarmung wird immer fester. Sie krallt ihre Finger in meinen Rücken.

„Mama, du tust mir weh!"

„Kind, ich lasse nicht zu, dass du dein Leben so ruinierst wie ich. Das passiert uns kein zweites Mal", flüstert sie mir ins Ohr.

Dann zieht sie ihr Knie an und rammt es mir in den Bauch. Einmal. Zweimal. Dreimal.

Blühende Phantasie

18:47 Uhr. Meine Tiefkühlpizza dampft noch. Bei *Netflix* kann ich mich nicht zwischen einem Ich-ballere-alle-tot-weil-mein-Leben-so-unfair-ist-Film und einer Koks-Serie entscheiden. Es klingelt. Die Entscheidung wird vertagt. Die Möglichkeit, sich an der heißen Pizza den Gaumen zu verbrennen, auch.

Will ich überhaupt aufmachen? Ist es wieder so ein *Amazon*-Typ? Hat Bianca wieder irgendetwas an ihre alte Adresse bestellt?

Ich jedenfalls nicht. Muss ich mit ihr unbedingt klären, wenn ich die Kleine am Wochenende abhole.

Oder ist es mein Nachbar, weil der wieder irgendetwas will? Sucht er selbst ein Paket? Hat er kein warmes Wasser? Oder braucht er Zucker?

Oder doch die *Zeugen*? Quatschen mich voll von der Erlösung? Vom guten Leben?

Blick durch den Spion. Der Nachbar und die Zeugen sind's nicht. Ich sehe da 'nen Typen. So ein Araber. Sieht ein bisschen durchgedreht aus. Also doch *Amazon.*

Ich öffne.

„Patrick Pander?", fragt er mich.

„Ja", antworte ich.

Und BÄM! Ich habe seine Faust in meiner Fresse.

„Was soll die Scheiße?", fluche ich. Ich halte mir mein Gesicht. Dann kriege ich das Knie von dem Typen in den Magen. Er schubst mich zurück in die Wohnung.

„Schreib keine Scheiße mehr, verstanden?", droht er mir.

„Ja", stammele ich. Obwohl ich keine Ahnung habe, was er meint.

Er spuckt mich an. Er tritt mir in die Seite. Ich ringe nach Luft.

„Motherfucker", brüllt der Typ durch das Treppenhaus.

„Motherfucker", wiederholt eine Stimme. Noch ein Kerl, den ich nicht wahrgenommen habe.

Dann trippeln Füße die Treppen herunter. Ich ziehe mich hoch. Ich stolpere ins Treppenhaus. Ich schaue hinunter. Sie sind schon verschwunden. Ich halte mir den Bauch. Dann die Seite. Dann das Gesicht. Was sollte das? Was wollten die? Und warum?

„Da musst du zu den Bullen“, sagt Peter. Er ist besorgt. Er ist immer besorgt. Er ist ein Weichei.

„Und was soll ich denen sagen?“, frage ich.

„Was passiert ist“, meint Peter.

„Die lachen mich ja aus“, sage ich. Mich lachen gerade alle aus. Oder schauen mich komisch an. Kann ich verstehen. Meine Fresse ist grün und blau. Der hat mich voll getroffen. Blaue Augen und geschwollene Nase.

„Irgendetwas musst du jedenfalls machen. Was ist, wenn die wiederkommen?“

„Vielleicht war es auch 'ne Verwechslung?“, werfe ich ein.

„Die kennen deinen Namen. Die wissen, dass du schreibst“, erinnert mich Peter.

„Wenn es irgendwelche Hools wären. Oder so weiße Ultradeutsche. Dann könnte ich es verstehen. Aber ein Araber? Ich schreibe nichts gegen die. Nichts gegen Ausländer. Nichts gegen Islam. So ein bisschen Gang-Zeug. Aber sonst? Ich hab keine Ahnung, was die meinen.“

„Dann denk nach! Ist ja gruselig“, fordert Peter.

Er nippt an seinem Bier. Ich nehme die Fernbedienung. Kurz *4 Blocks* rausgesucht. Play gedrückt. Irgendwelche Araber schießen auf andere Araber. Beruhigt mich nicht wirklich.

Ich versuche, zum dritten Mal Bianca anzurufen. Mein Puls ist bei 180. Endlich nimmt sie ab.

„Was soll das?!“, brülle ich ins Smartphone. In der anderen Hand habe ich den Brief vom Anwalt.

„Steht doch drin“, sagt sie.

Ich überfliege noch einmal das Schreiben. Da steht etwas von Gefahr für mein Kind.

„Ich will mein Kind sehen!“, verlange ich.

„Verstehe ich. Aber das ist gerade nicht drin. Das ist zu gefährlich“, meint sie.

„Zu gefährlich? Sag mir, warum? Sag mir, was passiert ist!“, fordere ich.

„Das musst du doch am besten wissen! Die machen das doch nicht einfach so“, antwortet sie.

„Wie einfach so? Was haben die gemacht? Wer sind die?“, frage ich nach. Mir schmerzt schon der Kopf vom Fragen.

„Die wollen, dass du aufhörst. Du hast sie wütend gemacht. Du hast über sie geschrieben“, sagt Bianca.

„Was soll ich geschrieben haben?“

„Das musst du doch wissen!“

Sie nervt. Sie war nie eine Freundin meiner Schreibe. Und jetzt ist sie sauer, weil ich meinen Job für das Schreiben an den Nagel gehängt habe. Das bedeutet für sie kaum Unterhalt.

„Weiß ich halt nicht! Also noch einmal: Was ist passiert?“

Das Smartphone ist stumm. Bianca überlegt. So kenne ich sie nicht. Sie schleudert sonst immer alles raus. Ungefiltert. Unüberlegt.

„Die hatten unser Kind!“ Meine Welt steht still.

„Wie? Wo ist sie jetzt? Wo ist Lina?“ Ich bin verzweifelt.

„Wieder bei uns. Wieder bei Mike und mir“, antwortet mir Bianca. Da fällt mir ein Stein vom Herzen.

„Und wo war sie? Geht es ihr gut?“, will ich wissen.

„Die haben sie vom Kindergarten abgeholt. Die haben sie nach Hause gebracht. Die haben sie mir einfach so gegeben. Und gesagt, du sollst keine Scheiße mehr schreiben“, erzählt sie.

„Vom Kindergarten? Wie konnten Fremde einfach unser Kind abholen?“ Ich werde wütend.

„Lass den Kindergarten da raus. Schreib einfach keine Scheiße mehr! Und dein Kind kannst du wieder sehen, sobald es sicher ist. Also regele das, wenn du Lina sehen willst“, sagt Bianca. Dann beendet sie das Gespräch.

Ich sinke auf den Boden. Was soll ich regeln? Wer will da was von mir? Und was für eine Scheiße habe ich geschrieben?

„Du denkst, das sei hart?“, schreien sie mich an. Sie Schlagen mir auf den Hinterkopf. Ich sehe nichts. Ich sehe nur schwarz. Entweder das Schwarz meiner Augenlider oder das Schwarz dieses Sacks, den sie mir über den Kopf gezogen haben.

„Wie kann man nur so von sich überzeugt sein?", fragt eine Stimme. „Wie kann man nur so blöde sein? Wie kann man sich nur mit uns anlegen?"

Ich verstehe nur Bahnhof. Ich versuche, nur nicht das Bewusstsein zu verlieren und mir nicht in die Hose zu pissen. Die Erinnerung an vor 10 Minuten zu konservieren. Mir alles zu merken, um es wiederverwenden zu können.

Die haben mich einfach gepackt. Mich auf dem Weg zum Bus in 'nen Wagen gezerrt. Am hellerlichten Tag. Mir dann einfach ein paar Schläge verpasst und diesen Sack über den Kopf gezogen. Verdammte Scheiße! Ich hätte wirklich zu den Bullen gehen sollen! Und warum droht man mir, wenn man mich dann doch entführt?

Ich werde aus dem Auto geschubst. Jemand zieht mich, führt mich irgendwo hin. Sie drücken mich auf 'nen Stuhl. Dann ziehen sie mir den Sack vom Kopf. Vor mir stehen ein paar Schränke. Alle haben 'ne Glatze. Alle tätowiert bis an die Ohren. Die schauen grimmig. Wie aus 'ner Dokumentation über Ost-Nazis.

Einer mit *New Balance*-Schuhen stellt sich vor mich.

„Normalerweise müssten wir dich kalt machen", sagt einer zu mir. „Du bist Schmutz. Du bist so schmutzig, dass dich niemand will. Aber, dich hassen alle. Dich wollen alle."

Ich weiß nicht, wer alle sind.

„Deshalb bist du so wertvoll für uns. Wenn jeder dich will, kommst du an jeden ran", sagt er. Er tätschelt mir grob den Kopf.

„Und du willst doch keinen Ärger?", fragt er. Ich weiß nicht, ob rhetorisch oder nicht.

„Du willst doch keinen Ärger?", wiederholt er lauter. Er zwickt mir dabei in die Wange.

„Nein", stammele ich.

„Gut. Diese Araber, die werden dich aufsuchen. Die Russen bestimmt auch. Aber die machen mehr den Familien Stress. Die Araber, die sind direkter. Die hauen dir aufs Maul. Die Russen sind subtil. Die wollen dir Angst machen. So richtig. Und die schnappen sich gern erst die Familien", erklärt er.

„Die waren schon da", sage ich.

„Was?", fragt mich der Nazi. Er drückt mir den Mund zu.

„Die waren schon da", presse ich irgendwie aus mir raus.

Er lässt meinen Mund los.
„Wo?“, will er wissen.
„Die standen vor meiner Tür. Also so ein Araber. Und jemand hat meine Kleine vom Kindergarten entführt. Aber dann zurückgebracht“, erkläre ich.
„Und die Bullen? Hast du Idiot die Bullen gerufen?“ Der Nazi spuckt mich an.
„Nein, ich dachte, es wäre 'ne Verwechslung“, sage ich.
Der Ober-Nazi lacht laut. Die anderen lachen mit. Wie ein Chor aus Hyänen.
„Dich? Verwechseln? Den *großen* Patrick Pander? Der von sich denkt, er sei schlauer als alle? Der Geheimnisse der Szene ausplaudert, der den Bullen all unsere Geschäfte auf dem Präsentierteller serviert?“, meint der Ober-Nazi.
„Wie soll ich das machen? Ich bin nur ein Schriftsteller“, sage ich.
„Nur ein Schriftsteller? Da! Da steht alles drin. Alles wie es läuft. Mich wundert, dass du andere Namen verwendet hast“, sagt der Ober-Nazi. Dann schmeißt er mir mein Buch entgegen. Es trifft mich über dem Auge.
„Das ist 'ne Geschichte!“, protestiere ich. „Das ist ausgedacht!“
„Verarsch uns nicht! Das liefert uns ans Messer. Und dann bist du noch so dämlich und quatscht mit der Zeitung. Stellst dich als geilen Typen dar. Du bist nicht hart. Das hier ist hart. Und wenn du nicht für uns arbeitest, machen wir dich kalt! So richtig! Du weißt es ja aus deinem verdammten Buch“, meint der Typ. Er schaut mich böse an.
„Kevin, lies dem Penner mal das Kapitel über uns vor, wo wir dem Typen den Hoden wegbrennen“, fordert er. Und Kevin liest. Ich brauche nicht zuhören. Ich kenne den Teil in- und auswendig. Schließlich habe ich das geschrieben.

Ich sitze in der Gosse. Ich rauche. Seit 7 Jahren habe ich keine Kippe mehr geraucht. Der Rauch brennt. Ich muss husten. Aber ich will die Kippe. Ich will rauchen. Ich nehme 'nen Schluck *Jim*. Auch der brennt. Auch den will ich, brauche ich. Ich lege meinen Kopf auf den Bordstein. Ich schaue in die Sterne. Die Erde dreht sich. Mein Schädel dreht sich. Alles dreht sich. Zu schnell für mich. Eindeutig zu schnell und unübersichtlich.

Ich bin in Gefahr. Aber das ist nicht der Rede wert. Denn ich habe mir das ausgesucht. Ich wollte immer nur das eine: Schreiben.

Lina ist in Gefahr. Sie ist alles wert. Sie hat noch alles vor sich. Ihr darf nichts passieren! Sie hat sich das nicht ausgesucht: einen schreibenden Vater mit blühender Phantasie. Mit 'ner Vorstellungskraft, die der Wirklichkeit gleicht.

Wie konnte mir das passieren? Habe ich irgendwas nicht mitbekommen? Habe ich recherchiert, ohne es zu merken? Gibt es da 'nen zweiten Patrick Pander? Einen Detektiv?

Nein. Leider nein. Zufall? Unwahrscheinlich. Aber es ist passiert. Geschehen, weil ich schreibe.

Das Schreiben muss enden! Es muss aufgehalten werden! Es hat Lina in Gefahr gebracht. Ich muss es einreißen. Wie mich. Denn Lina muss leben.

Ich schnappe mir mein Smartphone. Kamera an. Ich sehe furchtbar aus. Ich quatsche drauf los. Wie ein Schwachsinniger. Ich schimpfe. Über Frauen. Über Ausländer. Über die Politik. Die lügen alle! Und natürlich beim Klimawandel. Gewollte Überfremdung. Das Ende des weißen Mannes.

Ich ekele mich vor mir selbst. Ich lade die 5 Minuten geisteskranken Schwachsinn hoch. Auf *Insta. Facebook. TikTok.*

Drei Kommentare bekomme ich noch mit. Nicht nett. Das habe ich verdient. Meine Bücher wird niemand mehr kaufen.

Dann schmeiße ich mein Smartphone auf die Straße. Es zerbricht. Ich stehe auf. Ich schlurfe davon. Dann stehe ich auf der Brücke. Schluck Whiskey. Die Flasche heruntergeworfen. Sie zersplittert. Nicht denken. Und runter.

Taxifahrer

Wie stellt sie sich das vor, wie? Einer muss ja das Geld verdienen. Sonst haben wir ja nichts. Sonst können wir das alles vergessen!

Und da stört sie mich? Und da kann sie nicht warten? Oder besser planen? Hätte sie mir nicht früher Bescheid geben können, dass wir Milch brauchen? Es wäre einfacher gewesen. Egal. Es lässt sich nicht ändern.

Ich hetze in den *Lidl*. Eine ältere Frau starrt mich an, als ob ich ihren Einkaufswagen wegnehmen wollen würde. Was treibt die sich kurz vor Ladenschluss überhaupt noch draußen rum? Egal. Ich lächle. Kälte zurück.

Schnell die Milch gegriffen, so ein ganzer Karton. Damit balanciere ich durch den Discounter. An der Kasse stehen Leute an. Eine Blondine quatscht mit einer anderen irgendetwas über Kindergarten. Ich stelle die Milch auf das Band der Kasse. Plötzlich schweigen sie. Sie schauen auf den Karton. Dann auf mich. Nicht lang. Ganz kurz. Darauf sehen sie sich in die Augen. Ich kann mir vorstellen, was sie denken . Dann quatschen sie weiter. Aber nicht mehr so schnell. Nicht mehr so intensiv. Jetzt vorsichtig. Mehr, wie bei 'nem Geheimnis. Jetzt sind die dran. Erst die eine. Dann die andere. Sie warten aufeinander. Dann verschwinden sie gemeinsam.

Ich bin an der Reihe. Die Kassiererin ist schnell. Sie ist wortkarg. Sie nennt die Summe. Sie guckt mich nicht an. Ich lege ihr einen Schein hin. Sie greift zu. Sie gibt mir das Wechselgeld.

„Guten Abend", sage ich. Sie erwidert nicht.

Zurück im Wagen. Die Zentrale ruft mich an.

„Möbiusweg 12. 3 Personen", sagt Birgit.

„Okay", bestätige ich.

Wird knapp. Aber das schaffe ich. Das ist nur 10 Minuten von uns entfernt. Ich drücke auf das Pedal.

Wieder mein Telefon. Diesmal Fatima.

„Wo bleibst du?", will sie wissen. Sie meint es nicht böse. Aber ihre Stimme klingt streng. Als würde es um jede Sekunde gehen.

„Ich bin gleich da. Kannst du vor die Tür kommen?", frage ich.

„Warum?"

„Damit ich gleich weiter kann. Kunden warten", erkläre ich.

„Und wie stellst du dir das vor? Wie soll ich mit dem Kleinen auf dem Arm die Milch schleppen?"

„Dann legst du ihn kurz ins Bett."

„Damit er wieder anfängt zu schreien? Du musst das nicht die ganze Nacht aushalten."

Ich seufze. „Okay. Ich bringe die Milch rein."

Vor der Haustür. Schnell aufgeschlossen. Hoch in den Dritten. Wieder aufgeschlossen.

Fatima signalisiert mir gleich, ruhig zu sein. Ich bemühe mich. Ich stelle die Milch in der Küche ab. Sie zuckt dabei. Ich gebe ihr einen Kuss auf die Stirn. Dann versuche ich es beim Kleinen. Sie zieht ihn weg. Sie zieht die Augen hoch. Ich könnte ihn wecken.

„Entschuldigung", flüstere ich. Dann verschwinde ich wieder. Ich hetze das Treppenhaus herunter und wieder ins Taxi. Das Telefon klingelt.

„Die warten. Soll ich 'nem anderen Fahrer Bescheid geben?", sagt Birgit.

„Nein, ist der Verkehr", sage ich und lege auf.

Ich rase zum Möbiusweg. Drei Typen stehen bereits auf der Straße. Ich halte an. Sie springen ungefragt in meinen Wagen.

„Arschkalt", sagt der, der sich vorne hinsetzt.

„Wir haben bestimmt eine halbe Stunde gewartet", wirft mir einer der Typen vom Rücksitz vor.

„Ja, wenn ich Montag krank bin", gibt auch der dritte seinen Senf dazu.

„Wo soll es denn hingehen?", frage ich.

„In den Kaufhof", schreit mich der vorne fast an.

Ich fahre los. Das Taxameter läuft.

„Ganz schön schnell", schreit wieder der neben mir. Er meint nicht meinen Fahrstil. Er meint die Anzeige des Taxameters.

„War das schon immer so teuer?", fragt er mich wieder schreiend.

„Inflation", antworte ich kurz und knapp.

„Inflation, Inflation. Mit euren Preiserhöhungen treibt ihr die Inflation nur voran", schreit er. Ich gehe darauf nicht ein.

„Ist das in deinem Land auch so schlimm mit der Inflation?", fragt er mich wieder sehr laut.

„Gibt sehr viele, die sich beschweren. Und Taxifahren ist sehr teuer geworden", sage ich.

„Und deshalb bist du hier her?"

Ich sage nichts. Wir sind am Kaufhof. Die hinten springen gleich raus. Der vorne schaut aufs Taxameter. Er gibt mir 20 Euro. Er schaut mich wartend an. Also kein Trinkgeld. Die 1,20 Euro Wechselgeld gebe ich ihm zurück.

Ich reihe mich hinten in der Taxispur ein. Der Motor läuft, die Heizung ist an. Heute ist es wirklich arschkalt. Kurz am Smartphone die Ergebnisse gecheckt. Dortmund hat wieder verloren. Mist. Den Spielbericht spare ich mir.

Jetzt stehe ich ganz vorn an der Schlange. Zwei torkeln auf den Wagen zu, eine Frau und ein Kerl.

„Einmal in die Dresdener", lallt er. Dann steigen sie ein. Ich fahre los. Die sind beide voll bis oben hin.

Es ist 22 Uhr. Kann man ja schon besoffen sein.

Sie knutschen auf dem Rücksitz. Mehr wie Tiere als romantisch. Sie haben diese kleinen Schweinsaugen und riechen nach Rauch und abgestandenem Bier. Sie ekeln mich an. Die Frau würgt plötzlich. Sie drückt den Kerl von sich. Verdammt. Ich fahre rechts ran. Aber zu spät: Sie kotzt mir auf den Rücksitz. Der Typ würgt jetzt auch. Er setzt einen drauf. Alles stinkt jetzt nach Kotze.

„Tut mir leid", meint die Frau. Ein Kotzefaden hängt aus ihrem Mundwinkel. Ich koche vor Wut. Ich würde sie gern anschreien.

„Passiert", erwidere ich trocken. Ich fahre weiter. Die wollen keine 5 Minuten weiter rausgelassen werden. Denen ist es nicht mehr peinlich. Sie lecken wieder rum. Ich versuche nichts zu sehen. Ich versuche, nicht zu atmen. Ich mache das Fenster runter. Nass-kalte Novemberluft dringt herein.

Die geben mir einen 50er.

„Für den Aufwand", lallt der Typ. Dann lassen die beiden mich mit ihrem Erbrochenem allein.

Ich werfe keinen Blick auf den Rücksitz. Ich kann es mir vorstellen. Ich könnte auch kotzen. Und schreien. Ein Schlag auf das Lenkrad. Ich steuere auf meine Stamm-*Esso* zu.

Birgit ruft an.

„Fahrgäste am *Adler*. Die wollen nach Hannover. Jackpot für dich, Kleiner", sagt sie.

„Geht nicht", meine ich.

„Wie?", fragt Birgit.

„Die haben mir den Wagen vollgekotzt. Bin für 'ne Stunde raus", erkläre ich.

„Tut mir leid", meint Birgit.

Ich bin allein mit der Kotze. Ich gehe in die Tanke. Die kennen mich. Ich erzähle der Frau hinter der Kasse, was passiert ist.

„Weißt ja, wo du Wasser bekommst. Ich mach dir 'nen Kaffee", sagt sie.

Putzzeug aus dem Kofferraum. Eimer mit Wasser gefüllt. Los geht's. Ich schrubbe. Ich wische. Kotzegeruch vermischt sich mit Zitrusduft. Der übernimmt die Oberhand. Es stinkt nicht mehr. Eine Decke drauf. Die in die Ritzen gesteckt. Rein in die Tankstelle. Mein Kaffee steht schon bereit.

„Scheiß Tag?", fragt die Kassiererin.

„Scheiß Tag", bestätige ich.

Zwei junge Kerle kommen rein. Sie sind angetrunken. Sie lachen. Sie sind albern. Keine Würde. Sie schauen mich kurz an. Komisch. Irgendwie sprachlos. Ich passe ihnen nicht. Aber für den Augenblick bin ich egal. Erst ist das Bier wichtiger. Dann die Frau hinter der Kasse.

Mein Kaffee ist leer. Ich winke ihr zum Abschied.

„Ey, ey", brüllt mich einer der Typen an, die vorher in der Tanke waren. Ich steige in meinen Wagen. Dann stehen sie schon neben meiner Tür.

„Fährst uns ins Pub?", fragt einer. Er riecht nach hartem Zeug. Die waren nicht nur bei Bier.

„Steigt ein", sage ich. Die werfen sich auf die Rücksitzbank.

„Mach mal Mucke an", fordert einer.

„Ja, den Sender, wo gerade die Elektro-Nacht ist. Ich brauche was mit Bums."

„Wir sind gleich da", meine ich.

„Trotzdem", drängt der eine weiter.

Ich ignoriere es. Wir sind nach zwei Straßen vorm Pub. Sie schmeißen mir 'nen 10er hin. 20 Cent mehr als das Taxameter anzeigt. Ich höre noch ein leises „Arschloch!" in meine Richtung. Kein Respekt.

Die Zentrale ruft an.

„Zwei zwischen Parsau und Bergfeld. Mann und Frau“, sagt Birgit.

„Zwischen? Kennen die keine Straße? Das ist zwischen zwei Dörfern. Bis ich die habe, dauert es ewig!“

„Lässt du dir bezahlen. Sind bestimmt betrunken. Ich schicke dir die Nummer. Dann kannst du die anrufen“, meint Birgit.

Sie hat recht. Ich sehe das Geld. Bestimmt 60 Euro. Die brauche ich. Die habe ich mir nach den ganzen Arschlöchern auch verdient.

Ich fahre zwischen den Dörfern. Keine Spur von den beiden. Ich rufe an.

„Becker“, antwortet mir ein Typ.

„Wo sind Sie denn?“, will ich wissen.

„Zwischen Bergfeld und Parsau“, sagt er. Im Hintergrund höre ich eine Frauenstimme. Sie sagt irgendetwas von vorbeigefahren.

„Bleiben Sie einfach da stehen. Ich finde Sie schon“, sage ich.

„Bleib du stehen. Wir finden dich“, sagt er.

„Nein. Ihr bleibt stehen. Ist einfacher für mich“, erwidere ich.

„Ich kenne mich hier besser aus“, behauptet er.

„Ich habe den Wagen“, erinnere ich ihn.

„Bist ein ganz Schlauer, wa?“, entgegnet er.

„Bleibt einfach stehen!“ Ich lege auf.

Heute ziehe ich nur Nieten. Wieder ein Problem. Ich fahre die Straße ab. Sind circa 2 Kilometer. Keine Spur. Ich fahre wieder zurück. In der Mitte halte ich an. Ich wähle noch einmal die Nummer.

Er macht mich gleich an: „Wo steckst du? Du bist doch gerade an uns vorbeigefahren. Hast du uns nicht gesehen?“

„Ich habe doch gesagt, ihr sollt stehen bleiben. Das war so vereinbart“, erinnere ich.

„War es nicht“, wendet er ein. Im Hintergrund wieder die Frauenstimme. Sie würde ein Taxi sehen.

„Soll ich wieder fahren?“ Ich pokere. Sie kotzen mich an. Aber die sind hier allein. Es ist kalt und am Arsch der Welt. Die werden einsteigen.

Zwei kommen auf mich zu - ein Typ und eine Alte. Ich sehe die Alte im Hintergrund. Der Typ lehnt sich an die Beifahrertür. Ich lasse das Fenster runter.

„Was ist jetzt? Fährst du uns oder willst du kein Geld verdienen?"

Ich erhöhe den Preis: „70 Euro."

„Vergiss es! 50", meint er.

„Dann viel Spaß beim Gehen", pokere ich weiter.

„Fick dich!", wirft er mir entgegen. Er zieht seine Alte weg. Die beiden verschwinden in der Dunkelheit. Sie bluffen. Mit Sicherheit. Die Alte wird ihm gleich die Ohren vollheulen. Wetten!

Ich warte. Sie drehen nicht um. Ich fahre in die andere Richtung. Es kommt in mir hoch. Dieser Wichser mit seiner Nutte. Die haben mich hier für nichts rausfahren lassen. Das kostet mich mindestens eineinhalb Stunden. Ich wähle seine Nummer.

„Na, doch anders überlegt?" Er kommt sich gleich geil vor.

„Du dreckiger Hurensohn! Du hast mich mit deiner Fotze verarscht. Ihr seid ganz miese Wichser. Ich werde euch so ficken!", platzt es aus mir raus.

„Pass mal auf. Halt du deine Fresse und verpiss dich in dein Land!", beleidigt er mich.

„Du dreckiger Hurensohn! Ich ficke dich und deine Freundin in den Arsch! Du Hurensohn! Du …", brülle ich.

Er hat aufgelegt. Ich schlage gegen das Lenkrad. Ich komme fast von der Straße ab. Ich halte einfach an.

„Beruhige dich", spreche ich mir zu. Ich darf mich nicht verlieren. Ich darf mich nicht so aufregen. Ich darf nicht so entgleisen. Mist! Was habe ich getan? Wenn der sich über mich beschwert? Ich brauche den Job. Wir brauchen das Geld.

Ich drehe um. Ich muss die beiden suchen. Ich muss mich entschuldigen. Auch wenn ich die umsonst fahren muss. Ist besser, als den Job zu verlieren.

Ich bin wieder zwischen Parsau und Bergfeld. Fernlicht an. Ich suche. Dann plötzlich. Etwas springt vor meinen Wagen. Ich bremse. Es bollert. Ich bin über etwas drübergefahren. Mein Wagen kommt zum Stehen. Im Rückspiegel sehe ich etwas in Kleidung gehüllt auf der Straße liegen. Eine Frau läuft auf den Klumpen Kleidung zu. Sie schreit. Sie blickt zu meinem Wagen. Es ist die Alte von dem Typen.

Verdammt. Mir glaubt doch niemand, dass es ein Unfall war. Ein Versehen. Die werden mich einbuchten!

Rückwärtsgang rein. Augen zu. Ich höre es knallen. Ich fahre nochmal über etwas drüber. Es bollert mehrfach. Wieder halte ich an. Jetzt sehe ich zwei Kleiderhaufen auf der Straße. Ich fahre noch einmal drüber. Diesmal mit viel Gas. Es bollert nur ganz kurz.

Dann steuere ich die *Esso* an.

Menschen von morgen

„Du siehst nicht gut aus", meint Angela.

„Fühle mich auch nicht gut."

„Dann geh zum Arzt."

„Habe einfach schlecht geschlafen."

Oder der Restalkohol vom Samstag. Das hatte ich mal wieder gebraucht. Einfach raus mit den Mädels. Schick anziehen. Um die Häuser ziehen. Schnaps wegziehen. Mit leckeren Typen abziehen.

Dreimal Check. Aber kein Check bei den Typen. Da war nichts dabei. Nur Spinner. Nur welche, die schon zu voll waren oder vergeben oder kacke im Kopf.

Deshalb auch mein Schädel. Weil wir nicht aufhören konnten. Und weil Mandy noch in diese Bar musste, wo es diesen ekligen süßen Schnaps gibt, den man anzündet.

Und jetzt ist Montag. Und mir dreht sich immer noch der Kopf. Ich bin Mitte 30. Ich verliere nicht nur einen Tag. Ich verliere gleich 2 Tage. Das stecke ich nicht mehr so weg wie früher. Und heute wird richtig die Hölle.

Vom Flur dringen die ersten Schritte zu uns. Ich hoffe, dass es niemand aus unserer Gruppe ist. Falsch gehofft. Eine ganz frühe Mama. Die ist schon 5 Minuten früher da. Wäre eigentlich für den Frühdienst. Angela und ich schauen uns nur so an. Wir lassen es unkommentiert. Das Kind begrüßen wir freundlich. Emma redet auch gleich drauf los. Sie waren am Wochenende im Heidepark. Da waren so große Achterbahnen und so weiter.

Jetzt geht es Schlag auf Schlag. Linus, Noah, Marta sind da. Alle reden. Alle spielen. Erst langsam. Erst leise. Dann laut. Immer lauter.

Ein Männerkopf luchst in den Gruppenraum. Ein schöner Männerkopf. So schön frisiert und so ein Dreitagebart: der Papa vom Justus. Der ist so lecker. Den finden wir alle hübsch.

Angela und ich schauen uns da gleich an; wir denken das Gleiche.

„Guten Morgen, der Justus hat ja nächste Woche Geburtstag und statt dieser Tüten mit diesem Mist für jedes Kind würden wir gern der Gruppe etwas schenken", redet er gleich drauf los.

„Oh, was für eine gute Idee“, schwärme ich.
„Was braucht ihr denn?“
„Bücher sind immer gut. Wir lassen uns aber gern überraschen.“
Er nickt. Dann huscht Justus herein und er verschwindet.
Die Kinder sind heute sehr unruhig. Selbst für einen Montag. Beim Frühstück sind sie kaum zu beruhigen. Wir gehen turnen. Da können sie sich auspowern. Und dazu schreien. Machen sie auch.
Heute kann ich meinen Job nicht leiden. Heute würde ich ihn gern an den Nagel hängen. Selbst schuld. Ich kann einfach nicht mehr feiern. Oder ich sollte lernen, nicht mehr so viel zu saufen.
Beim Mittagessen sind die Kinder ruhiger. Die Bewegung hat geholfen.
„Du gehörst ins Bett“, meint Angela.
„Kann dich doch nicht allein lassen.“
Wir rufen alle Kinder zusammen. Wir lesen eine Geschichte. Die vom lila Monster. Das lila Monster ist sehr traurig. Mama Monster und Papa Monster wollen, dass es Erschrecken spielt. Aber das lila Monster möchte das nicht. Das lila Monster möchte viel lieber schwimmen. So wie die Menschenkinder.
Die Geschichte wühlt unsere Kinder auf. Sie regt sie zum Nachdenken an. Und dann wollen sie ganz viel reden. Sie erzählen drauf los, was sie nicht wollen und dann gleich, was sie lieber machen würden.
„Fußball ist so doof! Die sind alle gemein da.“
„Malen ist viel schöner.“
„Ja, ich würde gern nur mit dem Zug fahren.“
„Ich muss zum Klavier. So langweilig.“
„Verstecken im Wald. Das macht Spaß.“
„Und Papas Pullermann“, meint Justus.
Angela und ich schauen uns an.
„Wie bitte Justus?“
„Wenn ich den berühre, wächst der. Das mag der Papa gern. Deshalb mache ich das immer. Aber das ist ein Geheimnis“, sagt Justus.
„Eklig“, meint ein anderes Kind.
„Ja, widerlich“, stimmt ein anderes Kind zu.
„Ja, den von Papa darf ich nicht ansehen.“
„Der zieht sich immer ganz schnell an nach der Dusche.“

Alle Kinder reden jetzt durcheinander. Das wühlt sie gerade wieder auf.

„So, singen wir jetzt ein Lied", beruhigt Angela. Sie stimmt das vom Affen und dem Mond an. Das mögen die Kinder alle. Das Thema ist schnell gewechselt. Für die Kinder. Für mich bleibt es.

„Ich habe schon ein Buch gekauft", erzählt Justus' Vater stolz, als er ihn abholt.

„Schön", antworte ich. Ich würde ihm am liebsten verbieten, seinen Sohn mitzunehmen. Aber was kann ich da machen?

„Angela ist nicht da." Ich verpetze meine Kollegin bei der Kindergartenleitung.

„Ihr seid doch so dicke", meint Holger, der Kindergartenleiter.

„Sie antwortet nicht und geht auch nicht ran", sage ich. Ich habe es echt oft versucht. Ist eigentlich nicht Angelas Art.

„Mist! Sabrina wird dich unterstützen."

Es dauert ein bisschen bis Sabrina kommt. Sie fängt immer etwas später an. Hat selber Kinder. Die müssen erst in die Schule. Sie ist alleinerziehend. Holger kommt ihr da entgegen.

Freies Spielen: Das bringt mir ein bisschen Zeit. Und ich habe alle im Blick. Justus huscht herein. Der Vater schaut diesmal nicht durch die Tür, er ist gleich weg. Ich sehe nur den großen Schatten. Angela und ich haben noch nichts gemeldet. Wir sind uns da unsicher. Justus kann da auch etwas falsch interpretiert oder sich unglücklich ausgedrückt haben. Das ist ja alles noch nicht so wie bei uns. Da geht ja noch einiges schief. Deshalb sind die ja auch hier bei uns. Deshalb gibt es Menschen wie mich. Wir fördern die Fähigkeiten der Zwerge.

Aber wir sind auch da, um aufzupassen. Um die Eltern zu regulieren. Das die mit ihren Kindern nicht machen, was sie wollen. Kinder sind ja kein Eigentum. Das ist unsere Verantwortung. Und ich drücke mich davor. Ich will dieses Gespräch nicht. Nicht mit Holger. Nicht mit Justus' Papa. Gehe ich auf die Mutter zu?

Die ist so 'ne hysterische Kuh. So mit gemachten Haaren und immer gut angezogen. Das ist so eine aus dem Büro. Karriere plus Familie. Erfolg ist überall. Und Justus muss auch schon ganz viel machen.

„Justus, du spielst Geige, nicht?"
„Ja, und ich schwimme und ich lerne Chinesisch", antwortet mir Justus.
„Und ich bin beim Tanzen. Weißt du, das ist auch Sport", wirft Marta ein.
„Ja, voll anstrengend. Bei mir ist eine große Halle. Da tanzen wir ganz verrückt", beteiligt sich auch Emma.
„Stimmt ja gar nicht. Da muss man aufpassen", wendet Marta ein.
„Stimmt ja wohl. Du bist gar nicht da."
„Stimmt doch."
Marta und Emma streiten sich. Das geht jetzt hin und her. Justus steht daneben. Er beobachtet sie. Ihm gefällt die Situation nicht. Stress für alle.
„Schnauze!", brüllt Justus. Dabei zieht der das Z und das E ganz lang. Fast wie eine Sirene.
„Justus!", ermahne ich ihn.
„Das ist ein böses Wort!", bestätigt Emma.
„Der Justus ist böse", meint Marta.
„Niemand ist böse. Das Wort ist böse. Wir verurteilen niemanden. Wir verurteilen, was er getan hat. Und das war böse. Aber Justus wollte nicht, dass ihr euch streitet", erkläre ich.
„Justus will lieber den Pullermann von seinem Papa anfassen", wirft Emma ein. Mir fällt die Kinnlade runter.
„Was?", stottert hinter mir Sabrina.
„Sabrina! Oh wie schön!", ruft gleich ein Kind und umarmt sie. Ganz viele kommen auf Sabrina zu. Sie wird wie ein Star von den Zwergen umringt.
Ich kann es Sabrina nicht erklären. Der Alltag hat uns. Morgenkreis, Frühstück, Basteln, Mittag, Spielen auf dem Außengelände. Dazwischen immer ganz viele Anliegen der Zwerge. Eine hat sich das Knie aufgeschlagen, eine andere braucht Hilfe bei der Toilette. Wieder ein anderer erzählt pausenlos vom neuen Hund der Nachbarin. Und ein anderes Kind erklärt mir, welche neuen Abenteuer *Paw Patrol* erlebt hat.
„Ich will mit Ihnen reden", steht da jemand hinter mir. Es ist Justus' Mutter. Sie sieht ernst aus. Noch ernster als ohnehin immer.

Ich nicke Sabrina zu. Sie weiß jetzt, dass sie die Kinder allein auf dem Außengelände beobachten muss. Kriegt sie hin. Das Außengelände ist so konzipiert, dass uns da nichts entgeht.

„Sprechen Sie.“ Auch ich sieze sie, obwohl die meisten Eltern uns duzen. Die meisten duzen wir zurück. Justus' Mama gehört zu den wenigen, bei denen wir das nicht tun.

„Sorgen Sie gefälligst dafür, dass nicht solche Lügen über meinen Mann und meinen Sohn erzählt werden!“

„Was wird denn erzählt?“, frage ich. Mein Herz rast.

„Das wissen Sie genau! Das muss ich nicht wiederholen. Und Ihnen ist hoffentlich klar, dass das die Phantasie von einem 5-jährigen Kind ist. So etwas machen keine Väter. So etwas machen perverse Fremde.“

„Fremde“, wiederhole ich.

„Verstanden? Sonst gehe ich damit zu Ihrem Chef.“

„Chef“, wiederhole ich.

„Justus!“, ruft seine Mama. Die beiden verschwinden.

Angela ist immer noch krank. Es scheint sie erwischt zu haben. Sie blockiert alle meine Anrufe. Auf meine Nachrichten krieg ich auch keinen Daumen nach oben. Geht das weiter so, fahre ich mal zu ihr. Sie hat ja auch niemanden, der sich um sie kümmert. Ich würde mir jemanden für sie wünschen.

„Kommst du mal?“, fordert mich Holger auf. Er macht ein ernstes Gesicht. Ich folge ihm. Sabrina muss kurz allein auf die Kinder schauen. Aber die Zwerge sind ruhig. Die basteln gerade etwas mit Laub, kleben Bilder. Das mag die ganze Gruppe.

Auf dem Weg zum Büro verliert Holger kein Wort. Er geht auch irgendwie anders. So versteift. So angespannt. So als hätte er 'nen Stock im Arsch.

„Was ist denn?“, will ich gleich wissen, nachdem Holger die Tür geschlossen hat.

„Setz dich!“

Ich setze mich. Da habe ich noch nie gesessen. Ich komme mir vor wie auf der Anklagebank.

„Die Mutter vom Justus. Die ist richtig außer sich.“

„Ich weiß, ich hatte schon ein Gespräch mit ihr.“

„Die droht damit, die Einrichtung zu verklagen.“

„Kann die das?"
„Natürlich."
„Mist."
„Ja", meint Holger. Er schaut mich dabei nicht an. Irgendwo an die Seite. Irgendwo in sein Bücherregal. Zu irgendeinem Erziehungsratgeber.
„Das ist etwas faul", werfe ich ein.
„Finde ich auch. Aber wir haben keine Beweise."
„Aber die Aussage von Justus."
„Du weißt, was das bedeutet."
„Unfassbar", sage ich kopfschüttelnd. Dann stehe ich auf. Ich bin wütend. Fühle mich machtlos.
„Halte Augen und Ohren offen", sagt Holger. Er benimmt sich wie ein schuldiger Hund. Das macht es nicht besser.
„Kann ich gehen?"
Er nickt. Ich reiße die Tür zu seinem Büro auf. Kinderlärm. Lärm der anderen Gruppen. Ich setze mich kurz vor die *Magischen Kobolde*. Ich atme durch. Ich will mich gegen meine Gefühle wehren. Ich atme aus. Klappt nicht. Ich heule. Das schießt einfach aus mir raus. Da kommt ein kleines Mädchen aus dem Raum der *Kobolde* heraus. Sie sieht mich.
„Warum weinst du?", will sie wissen.
Ich schaue sie an. Ich überlege, was ich sagen soll. Ich überlege, ob ich lüge. Ob ich sage, dass ich gar nicht weinen würde. Dass mir nur etwas ins Auge geflogen sei. Aber Kinder merken das. Die haben ein Gespür für die Wahrheit.
„Ich bin verdammt traurig."
„Es ist in Ordnung, manchmal traurig zu sein", sagt sie und nimmt meine Hand.
„Danke."

Ich gehe zurück zur Gruppe. Besser fühle ich mich nicht. Eher schlechter. Und wütend.
Sabrina kommt mir entgegengerannt.
„Schnell! Hilfe!", schreit sie. Sie ist fast panisch.
„Was?"
„Noah! Er verblutet! Das hört nicht mehr auf."
„Was ist passiert?"
„Justus hat ihm in den …, du weißt schon, gebissen."

Die Zwerge laufen aufgebracht herum. Sie schreien nach ihrer Mama. Sie weinen. Sie wollen weg. Sie zu beruhigen, wird dauern. Und da blutet Noah. Sabrina kümmert sich um die Wunde. Sie drückt etwas drauf. Aber er hat ein ganz schmerzverzerrtes Gesicht. Auch er weint.

„Wo bleiben die?“, fragt Holger aufgebracht nach dem Rettungswagen.

„Wo ist Justus?“, will ich wissen. Ich suche ihn. Ich gehe zur Toilette. Da ist er. Schlägt seinen Kopf gegen die Fliesen. Er blutet an der Stirn.

„Hey Justus“, sage ich zu ihm. Ich nehme ihn in den Arm.

„Alles mache ich falsch. Immer. Und jetzt wissen das alle. Jetzt muss ich weg. Weil ich alles falsch mache“, murmelt er.

Ich drücke ihn ganz fest an mich. Ich weiß nicht, was das Gefühl in mir ist. Etwas zwischen Wut und Mitleid.

Me-Time

Es riecht nach Urin. Bestimmt kurz nach der letzten Runde abgelassen. Denn wir lassen das nicht da. Das ist wie ein ungeschriebenes Gesetz. Der Gestank ist beißend. Das entgeht einem nicht. Man weiß, was man da den Kollegen hinterlässt. Das traue ich Frank und Karin aus der Frühschicht auch nicht zu. Die sind nicht so. Wäre eher etwas für Sonja oder diesen Pascal. Was in den letzten Jahren so bei uns angefangen hat. Unfassbar! Die sind alle nicht ganz sauber. Nicht vertrauenswürdig. Nicht gründlich.

Ich bin gründlich. Ich ziehe mir die Einweg-Gummihandschuhe über. Dann rolle ich die Frau zur Seite. Unter ihr ist alles feucht. Die Windel ist voll. Gelb schimmert durch das Weiß. Stechender Geruch. Alter Urin gepaart mit Medikamentenresten.

Ich lasse sie wieder zurückrollen. Sie öffnet die Augen. Sie schaut mich an. Sie nimmt mich zur Kenntnis. Sie sagt nichts. Sie verzieht das Gesicht nicht einmal. Sie starrt einfach.

Ich lege mir alles zusammen. Bettzeug. Windel. Desinfektionsspray und so. Dann ran. Windel an den Seiten geöffnet. In den Müll. Frau trocken gemacht. Bettlaken an einer Seite ab. Umgeschlagen. Frau auf die Seite ohne Laken. Bettlaken auch dort ab. Neues Bettlaken rauf. Frau wieder auf die andere Seite. Bettlaken. Frau zurück. Frau die neue Windel um. Der Frau die Bettdecke rüber. Frau ihren Trinkbecher angeboten. Frau hat nicht reagiert. Trinkbecher zurück. Fenster auf Kipp. Haken auf meiner Liste bei der Frau und den Tätigkeiten. Raus aus dem Zimmer.

Nächster. Bei dem ist nicht viel los. Der hat 'nen Katheter und 'ne Sonde. Atmung überprüft. Ich höre. Es raschelt. Fenster auf Kipp. Wieder Haken auf der Liste.

Am Ende des Flurs brennt die rote Signalleuchte. Ich gehe hin.

„Schnell! Die kommen! Die kommen alle! Mädchen, wir müssen packen!“, sagt die Frau. Sie sitzt in ihrem Nachthemd aufrecht im Bett. Zerzauste Haare.

„Beruhigen Sie sich“, meine ich. Ich greife mir eine der Beruhigungspillen.

„Einmal Mund auf", fordere ich. Die Frau gehorcht. Sie kennt das.

Ich reiche ihr ein Wasserglas.

„Und jetzt schlucken", meine ich.

Sie schluckt. Dann legt sie sich wieder hin, als wäre nichts gewesen. Ich nehme ihr den Schalter für die Signalleuchte aus der Hand. Lege ihn beiseite, sodass sie nicht ran kann. Da waren noch bis spät in den Abend Angehörige bei ihr. Die müssen ihr das in die Hand gedrückt haben. Die wissen nicht, dass es für uns ist. Falls wir Unterstützung brauchen. Kann man denen auch nicht verklickern. Verstehen die einfach nicht. Noch kurz Fenster auf Kipp. Dann abhaken. Etwas früher als auf Liste.

Nächstes Zimmer. Keine Regung. Kein Atem. Ich fühle den Puls. Kein Puls. Fenster auf Kipp. Zeitpunkt in die Liste eintragen. Wieder raus und in unser Zimmer. Telefoniere. Manuela und Claas schauen mich dabei an.

„Frau Dobler?", will Claas wissen.

„Ja", antworte ich.

„Da hätte ich drauf gewettet", meint Claas. Ich nicke. Ich greife mir meine *L&M*. Raus auf den Balkon.

„Und dieser Jan. Der ist ein Lachs. So ein richtiger. Schön trainierte Arme", erzählt Nadine. Nadine erzählt immer von den Typen der Stadtverwaltung. Da muss einer besser aussehen als der andere. Für Nadine ist es so. Wie schön man aussieht, richtet sich immer nach dem Vergleichswert. Nadines Vergleichswert ist Christian. Ihr Ehemann: Bierbauch. Haarausfall. Träge.

„Bei mir gibt es nur alte Knacker", meine ich.

„Aber deine Kollegen? Die müssen doch Arme haben. Die schieben doch den ganzen Tag Menschen rum", wirft Nadine ein.

„Mache ich auch. Und habe ich Arme?", frage ich.

„Ein bisschen zugelegt hast du schon", ärgert mich Nadine.

Die Bedienung kommt. Wir bestellen. Nadine bestellt etwas, was ich nicht kenne. Ich bestelle klassisch.

„Eine Latte", sage ich.

„Oh, ja", stimmt Nadine zu. Sie leckt sich die Lippen und mustert die Bedienung. Es ist ein junger Kerl. Macht wahrscheinlich

Abi oder hat gerade angefangen zu studieren. Noch mehr Junge als Mann. Er gibt cool die Bestellung in das Gerät ein. Dann haut er ab.

„Du bist so bescheuert! Der könnte unser Sohn sein“, werfe ich ihr vor.

Nadine wird wieder ernst. Sohn und Kinder. Falsches Thema.

„War nicht so gemeint. Wollte dich nicht auf falsche Gedanken bringen.“

„Kein Ding. Kannst du ja nichts dafür. Ist halt scheiße“, sagt Nadine.

„Gibt es da was Neues?“, frage ich. Ich greife über den Tisch nach ihrer Hand.

„Ne, wir wissen nicht, ob es an ihm oder an mir liegt? Steht in den Sternen. Nur eins steht fest: Die sind nur kurz da und dann nicht mehr. Die wollen einfach nicht in mir bleiben“, erzählt sie.

„Tut mir so leid.“

„Und dieser Schmerz wiederholt sich immer wieder. Ich will das nicht mehr! Man freut sich und dann zerplatzt der Traum und verwandelt sich zum Albtraum. Da ist erst etwas Lebendiges. Und dann etwas Totes. Und das zu entfernen …“ Sie seufzt. Dann schweigt sie.

Die Bedienung bringt die Getränke.

„Und die Latte“, sagt der Typ. Dabei grinst er uns an.

„Verpiss dich“, wirft ihm Nadine entgegen.

„Ist mein erstes Date zu Mittag“, sagt Nils. Er findet sich dabei lustig. Ich kann nicht lachen. Ich muss in 2 Stunden arbeiten. Dates vor der Arbeit sind unentspannt. Weiß ich eigentlich. Aber dieser Nils war auf Tinder einfach zu verlockend. Den will ich mir nicht entgehen lassen. Aber er ist irgendwie dumm. Hübsch, aber dumm. Die schönen und schlauen Männer sind alle vom Markt. Es gibt nur noch die mit ’ner Macke. Ich hoffe immer auf ’ne kleine.

Ein kleiner Dachschaden ist ja ganz niedlich, aber so ein Totalschaden, den man bei der ersten Fahrt nicht bemerkt, nö.

Apropos Probefahrt. Erste Dates vor der Arbeit sind blöde. Ein kleiner Fick davor dafür charmant. Wenn er weiter so doof ist, kürze ich einfach ab. Das ist das Schöne in unserem Alter: Sex ist so unkompliziert. Wir sind beziehungsunfähig, aber Profis in unverbindlichem Sex.

Er bestellt uns Nudeln mit Garnelen.

„Mit extra Knoblauch", ruft er der Bedienung hinterher. Er lächelt mich an. Er erwartet eine Reaktion. Kriegt er nicht.

„Das ist mein erstes Ausscheidungskriterium. Mag sie Knoblauch oder nicht", erklärt mir Nils. Ich gehe darauf nicht ein. Ich versuche, ihn so richtig heiß zu finden. Ficke ich ihn oder lasse ich mich ficken? Ich glaube, irgendwie bahnt sich ein Wutfick an. Vielleicht sogar ein Hassfick.

„Und hey, du hast die erste Prüfung bestanden."

Er lächelt. Er nippt an seinem Wasser. Natürlich still. Er ist Sportler. Er ist Fitnesstrainer. Deshalb diese Arme. Deshalb auch etwas dumm. Ich denke in Klischees. Aber bei ihm passt es.

„Bist du auf die zweite gespannt?", fährt er fort.

Ich entscheide mich für den Hassfick. Noch vorm Essen. Ich schlüpfe mit meinem linken Fuß aus meinen Ballerinas. Ich bewege den Fuß von seiner Wade Richtung Oberschenkel.

„Wow", sagt er.

Jetzt bin ich an seinem Schwanz. Mein großer Zeh tippt auf seine Eichel. Ein Linksträger.

„Test 2, 3 und 4 gleichzeitig bestanden", stammelt Nils. Er ist nervös. Ich habe ihn aus dem Konzept gebracht.

„Ich will vorm Essen etwas anderes", sage ich. Schaue ihn an. Beiße auf meine Lippen.

„W-, w-, was?", stottert er.

Mein Smartphone leuchtet auf. Es tanzt. Aber kein Ton. Ich will es ignorieren, schaue aber drauf: *Praxis Scharawin*. Meine Ärztin.

„Sorry", sage ich zu Nils. Nehme mein Smartphone in die Hand. Mir ist schwindelig.

„Ja?"

„Frau Scharawin hier. Frau Preuß?"

„Ja?"

„Ihre Werte sind da."

„Warten Sie einen Augenblick", sage ich. Ich stehe auf. Ich deute Nils, dass ich einen Moment brauche.

Dann bin ich vor dem Restaurant. Draußen. Allein.

„Jetzt habe ich Ruhe."

Meine Ärztin geht auf den Befund ein. Sie umgibt eine Mischung aus Distanz und Nähe. Das macht alles noch schwieriger. Alles dreht sich noch mehr. Alles ist so … Ich kann es nicht beschreiben.

„Ich komme heute Nachmittag in die Praxis", kündige ich an.

Sie sagt noch irgendetwas. Aber ich suche schon jemanden, den ich nach einer Zigarette anschnorren kann. Da habe ich auch schon einen. Er gibt mir Feuer.

„Danke", sage ich. Dann atme ich ein. Alles dreht sich weiter.

Kippe aufgeraucht. Nils auf Toilette gezogen. Ficken. Erst danach ist Zeit für Krebs.

Wie eine Flasche leer

„Lass mal die Luft raus", meint Steffen. Er gibt mir die Flasche *Einbecker*.

Ich gehe zum Kühlschrank.

„Sind nicht mehr viele da", sage ich zu Steffen und reiche ihm 'ne Flasche Bier. Er öffnet und nippt gierig.

„Dann müssen wir Nachschub holen. Dass du immer so wenig kaufst."

Dabei kauft er selbst doch immer so wenig. Oder gar nicht. Nie sind wir bei ihm. Immer nur bei mir. Aber passt schon. Sonst wüsste ich nicht, wie ich die Zeit totkriege.

„Lass uns mal los. In 'ner Stunde ist schon Anpfiff", erinnere ich.

Wir nehmen uns jeder ein Bier mit. Dann verlassen wir die Wohnung. Aus dem Keller nehmen wir uns die Schubkarre vom Hausmeister.

Ich halte immer wieder an, um 'nen Schluck aus meiner Pulle zu trinken. Fährt sich so schlecht mit einer Hand. Dann will die Schubkarre immer Kreise drehen.

„Hoffentlich gewinnen die heute", meint Steffen.

Der hat sein blaues Trikot mit der 10 schon an. Hat er eigentlich immer. Aber heute riecht es nach Waschmittel. Ist angenehmer als Schweiß.

„Wird schon."

„Dann können die das echt packen! Wieder erste Liga. Das wäre was! Am letzten Spieltag müssten wir da mal echt wieder hin."

„Wäre was."

Wäre nichts. Wären Ausgaben. Wir müssten nach Hamburg. Zugfahrt. Karten fürs Spiel. Bier im Stadion. Da ist so ein halbes Gehalt wieder weg. Die Kohle habe ich nicht. Die Kohle hat auch Steffen nicht. Auch wenn er sich immer anders gibt.

„Boah. Ist das heute warm", stöhnt Steffen. Er setzt sich auf die Bank vor der Kirche. Ich daneben. Wir trinken an unserem Bier. Wir schauen irgendwohin. Wir verfolgen die Autos, die die Hauptstraße entlangfahren.

„Willst du eigentlich deinen Lappen zurück?", fragt mich Steffen.

„Ja."
„Und wann willste damit anfangen?"
„Weiß nicht."
„Warum nicht schon nächste Woche?"
„Müsste mit dem Bier aufhören."
„Dann warte mal lieber. Ist schwer."
„Ja."

Autos rasen an uns vorbei. Wäre schon schön, wenn ich wieder dürfte. Aber diese Kosten. So 'ne Karre frisst dich auf. Die muss bezahlt werden. Dann der Sprit, die Versicherung ... Und die Zeit, die man da so investiert: Saubermachen, reparieren ... Und natürlich das Nicht-fahren-Dürfen, wenn man einen im Tee hat. Entweder man kann Auto fahren oder eben nicht. Hat nichts mit dem Alkohol zu tun. Bin da ja ein gutes Beispiel. Hat über Jahre niemand gemerkt, wenn ich gefahren bin. Und hätte auch weiter niemand. Aber die mussten ja diese Kontrolle machen. Und da musste ich pusten: 1,9 Promille. Ist jetzt auch schon knapp 5 Jahre her.

„Und du? Willste den nicht mal machen?", will ich von Steffen wissen.

„Glaube nicht. Wozu noch?"
„Stimmt auch wieder."

Wozu überhaupt noch irgendwas? Leben rumkriegen. Darum geht's doch. Die in den Autos haben Frauen. Die haben Kinder. Und wir?

„Lass uns weiter."

Die leeren Flaschen rollen in der Karre umher.

„Hätten mal 'nen leeren Kasten mitnehmen sollen", meint Steffen.

„War noch keiner vollzählig."
„Muss ja nicht."

„Da bin ich wie mein Opa. Der hat auch nur volle leere Kästen zurückgebracht. Hat sogar Flaschen nachgekauft, wenn die kaputtgegangen sind."

„Verrückt."

Vorm *Netto* stellen wir die Karre ab. Wir tauschen sie gegen 'nen Einkaufswagen. Drinnen ist es schön kühl. Da will man gar nicht mehr raus. Das hätte ich mal lernen sollen! Da biste im Winter im Warmen und im Sommer hast du 'ne Abkühlung.

Aber ich habe nichts gelernt. Deshalb muss ich ackern. Deshalb muss ich gegen die Kette ankämpfen, Sitze polstern. Drecksjob.

Wir bezahlen zwei Kästen. Steffen schmeißt 'ne Runde.

„Heute schon Weihnachten?", scherze ich.

Dann sind wir wieder auf dem Weg.

„Asoziale Hamburger!", brüllen welche aus 'nem Auto.

Steffen wirft seine Flasche dem Wagen hinterher. Wie so 'ne Handgranate.

Und er trifft; die Flasche zerspringt in tausend Scherben. Mir ist ganz anders. Der Wagen bleibt stehen. Da springen vier Kerle raus. Zwei glotzen auf die Karre. Zwei andere Glotzen zu uns.

„Hauen wir ab?"

„Die sind doch noch Kinder. Und wir haben das Bier", meint Steffen.

„Das bezahlt ihr uns!", motzt einer.

„Einen Scheiß!", brüllt Steffen.

Die kommen jetzt auf uns zu. Und Steffen rennt jetzt auf die zu. Ich auch. Steffen haut drauf. Ich auch. Die wissen gar nicht, wie ihnen geschieht. Und jetzt liegen sie am Boden. Steffen brüllt etwas. Dann gehen wir zurück zur Schubkarre. Die Jungs liegen immer noch auf der Straße. Andere Autos halten an. Wir nicht. Wir gehen zu meiner Wohnung.

„Die sind doch zum Kacken zu blöde! Warum können die das nicht? Warum? Was sollen die noch machen? Die ganze Mannschaft austauschen? Das ist doch nicht deren …"

Steffen schimpft über den Rückstand. Beim 1:0 war er noch entspannt. Aber dieses dritte Gegentor lässt ihn ausrasten.

Mich nicht. Wer nichts erwartet, braucht sich auch nicht aufregen.

„Jetzt müssten noch mal diese Pisser kommen", meint er.

„Denen haben wir ganz schön zugesetzt", gebe ich zu bedenken.

„Haben die nicht anders verdient."

Dann klingelt es. Ich gehe zum Spion. Ich sehe zwei Personen in Uniform. Sind zwei Bullen. Jünger als wir. Langsam gehe ich wieder zur Glotze.

„Da stehen zwei Uniformierte vor der Tür. Mach mal leise."

„Was wollen die?“
„Keine Ahnung was.“
„Haste was angestellt?“
Es klopft gegen die Tür. Ist so ein ekliges Klopfen. So eins, das die Tür zusammenkrachen lassen würde. So eins, das einem Angst bereitet.
„Herr Bräuer? Herr Bräuer, machen Sie uns auf! Wir haben da ein paar Fragen an Sie. Ihr Freund Herr Hartwig ist doch sicherlich auch da. Den wollen wir auch sprechen“, schrillt die Stimme einer Polizistin.
Ich halte meinen Finger auf die Lippen. Steffen macht es mir nach.
„Und jetzt?“, flüstere ich.
„Die sind bestimmt wegen der Penner da. Wir müssen abhauen!“, flüstert Steffen. Da steht er auch schon an meinem Fenster zur Hinterseite des Hauses. Er macht es auf. Dahinter ist der Garten der Mieter unter mir. Die sind gerade nicht da. Die sind samstags immer mit den Kindern auf Tour. Die sparen für was Eigenes. Deshalb hier diese Wohnung auf dem Dorf. Für die ist sie günstig, er hat ’nen guten Job. Für mich ist die Miete trotzdem Wucher.
Steffen schwingt sich bereit hinaus. Er klettert ganz vorsichtig hinunter. Ich packe mir noch mein Smartphone, etwas Geld und die Schlüssel. Dann bin ich auch unten. Durch den Garten in den nächsten dahinter, und dann raus auf die Straße dort. Wir sind jetzt zwei Straßen von meiner Wohnung entfernt.
„Scheiß Dorfleben! Da hat uns irgendwer verpfiffen. Sonst hätten die unsere Namen nicht.“
„Noch ist die Messe nicht gelesen. Lass uns mal in ’ne Kneipe. Dann haben wir ein Alibi“, schlägt Steffen vor.
„Ein Alibi? Wird doch keiner bezeugen können, dass wir dann so lange da waren.“
„Das kann doch eh keiner und da müssen wir wenigstens nicht verdursten.“
„Ist aber bis *Mutti Hertel* so weit.“
Steffen ignoriert meinen Einwand. Er geht schnellen Schrittes voran. Geht auch schneller als gedacht und schon sind wir bei *Mutti Hertel*.

Der alte Manfred hängt am Automaten und raucht. Sonst ist da niemand. Nur Krone, der Wirt.

„Was wollt ihr?", fragt Krone. Mutti Hertel gehört ihm schon seit Jahren. Er sieht auch schon aus wie die Kneipe.

„Zwei Gezapfte."

„Aber Kohle habt ihr? Euch lasse ich nicht mehr anschreiben. Da warte ich ja bis Ostern."

Ich lege 'nen 20er auf den Tisch. Krone schnappt ihn sich. Er weiß, dass wir alles versaufen werden, was wir haben. Könnte uns eigentlich 'ne Flatrate geben.

Dann Lärm von draußen. Und jetzt auch drinnen. Ist die Freiwillige Feuerwehr. Die hatten heute Dienst. Jetzt wollen sie saufen.

„Was ist denn, wenn es brennt?", provoziert Steffen gleich.

„Du brennst doch! Wenn du weiter laberst, lösche ich dich", gibt Florian, der Feuerwehrmann, zurück.

Wir sind mit Flo zur Schule gegangen. Er ist Automechaniker geworden. Und leidenschaftlicher Feuerwehrmann. Er ist einen Kopf größer als wir. Und ein Arschloch. Steffen und der haben sich immer in der Wolle, wenn sie sich begegnen.

„Du Wurm", meint Steffen. Er lacht. Dann steht Florian vor ihm. Er packt ihn am Kragen.

„Bist auch nur noch so eine Portion. Solltest mal das Saufen lassen."

Florian hebt Steffen hoch. Der baumelt jetzt in der Luft. Wir sind echt halbe Portionen geworden. Zu viel Arbeit, zu viel Bier, zu wenig richtiges Essen.

„Für dich reicht es. Solltest mal die Jungs sehen, die wir heute auseinandergenommen haben", sagt Steffen. Der erzählt wieder zu viel.

„Ihr wart das? Habe ich mir doch gleich gedacht." Krone hat mitgehört und nimmt sein Smartphone in die Hand. Er ruft jemanden an - die Bullen!

Da plätschert der Mittellandkanal. Die braune Soße ist vom letzten Schiff aufgewirbelt. Irgendetwas muss damit hochgekommen sein. Ein paar Krähen fischen da gierig rum.

„Und jetzt?", frage ich.

„Keine Ahnung. War etwas übertrieben", meint Steffen.

Er blutet etwas über der Stirn. Hat da 'nen Schlag von Flo abbekommen. Darauf habe ich Flo eine mit meinem Bierglas gegeben. Er ist dann zu Boden und die anderen auf uns. Aber Steffen und ich hatten die Barhocker. Damit haben wir auf die eingehackt und auch sonst alles geworfen, um sie loszuwerden. Und dann halt raus und die Beine in die Hand. Krone hat uns noch hinterhergerufen, dass wir dran wären und die Bullen uns schon kriegen würden. Und jetzt sind wir hier. Seit über einer Stunde unterwegs. Irgendwo am Mittellandkanal. Um uns nichts.

„Eigentlich haben wir nur zwei Möglichkeiten: Weitermachen oder uns stellen", meint Steffen.

„Wie wollen wir weitermachen?"

„Hamburg."

„Hamburg? Und dann?"

„Dann schauen wir."

„Klingt blöde", werfe ich ein.

„Alternative ist der Bunker. Die lochen uns 100% erstmal ein."

„Aber doch nicht wegen der Prügeleien."

„Scheinbar suchen die uns. Und wir sind auf der Flucht. Solche lochst du immer ein."

„Ich will nicht in den Bau."

„Meinste ich? Da gibt's kein Bier", sagt Steffen.

„Also Hamburg", stimme ich zu.

Wir gehen in Richtung Wolfsburg. Müssten so 10km sein, aber nur Feld und Wiesen. Wir reden kaum. Weil wir beide nicht mehr können. Weil wir Durst haben.

In Wolfsburg steuern wir 'ne Tanke an. Dabei immer unruhig. Immer alles im Blick. Nur ich gehe rein. Steffen steht draußen Schmiere. Ich versuche, dem Verkäufer nicht in die Augen zu schauen. Nur auf den Boden wegen der Kameras. Ich lege die 6 Dosen Bier auf die Ladentheke.

„Kann ich hier auch was abheben?", frage ich.

Der Verkäufer nickt. Ich hebe 1000 Euro ab. Mehr kriege ich nicht. Und jetzt werden die Bullen noch nicht unsere Kontoaktivitäten prüfen.

Draußen trinken wir jeweils gierig 'ne Dose. Dann auf zum Bahnhof!

„Den letzten Zug können wir kriegen. Dann *Bye Bye Wolfsburg* und *Moin Hamburg*!“, meint Steffen.

Und wir kriegen den Zug wirklich. Wir sitzen im Regio nach Hannover. Von da geht's dann nach Hamburg. Und dann? Keine Ahnung. Aber uns wird schon was einfallen.

Der Zug rollt. In Fallersleben dann sehen wir sie gerade noch so: Überall steigen sie ein, in alle Waggons. Bullen. Immer zu zweit.

„Fuck“, sage ich. Aber dann sind schon welche im Abteil. Und der Zug rollt wieder. Und wir stehen beide auf. Wir suchen nach so 'nem Hammer und der Notbremse. Aber eine Brünette schubst uns auf 'nen Platz. Und 'ne Blonde steht da jetzt auch. Und zwei Typen mit Milchgesicht.

„Wir haben sie“, meint eine in ihr Mikro.

„So ein Aufwand wegen ein bisschen Prügel, kommt schon! Ist das nicht drüber?“, versucht es Steffen.

„Gegen Sie beide wird wegen zwei Tötungsdelikten ermittelt. Kommen Sie jetzt“, sagt die Blonde. Dann zieht die erst mich und dann Steffen hoch. Die schubst uns in die Arme ihrer Kollegen.

Mein Herz pumpt. Tötungsdelikt. Mord. Und das alles wegen Fußball und Bier.

Nur noch Schatten

„Die können einfach vor unserer Haustür stehen! Und dann ist alles vorbei. Alles. Die nehmen uns alles“, meint Fabian. Das ist sein Ernst.

„Ist ein weiter Weg. Und da ist noch sehr viel dazwischen“, wende ich ein. Was alles dazwischen ist, weiß ich gar nicht. Erdkunde habe ich schon vergessen. Gibt ja Google. Kann ich ja mal recherchieren.

„Nimm das doch mal ernst! Denn das ist es, das ist kein Spiel. Die töten sich da wirklich. Direkt vor unserer Haustür.“

„Ich denke drüber nach. Lass uns mal lieber machen“, sage ich.

Ich blättere in der Anleitung. Für mich ist das eine Kriegserklärung. Oder eine Kapitulation. Wir halten uns für die Könige der Welt, können aber keine vernünftigen Anleitungen schreiben. Oder Möbel in so einem System verkaufen, das wir nur noch einfach zusammenstecken brauchen.

„Lass uns mal ein Bier aufmachen und dann den ganzen Müll sortieren“, schlägt Fabian vor.

„Gute Idee“, meine ich.

Auf in die Küche. Etwas Spielzeug beiseitegeschoben; Platz am Küchentisch.

„Liegt hier überall. Sorry“, meint Fabian.

„Kein Ding. Wird bei uns nicht anders sein.“

Obwohl? Ines ist ein Ordnungsjunkie. So richtig deutsch. So Nazi. Alles an seinem Platz. Alles nur so lange, wie es tatsächlich Verwendung findet. Teller gleich in die Spüle. Schuhe gleich in den Schrank. Das wird sie bei unserem Kind beibehalten wollen. Schöne Zukunft.

Die Biere schmecken. Und so haben wir 'nen Rhythmus. 2 Punkte in der Montageanleitung abarbeiten und dann ein Bier. Dazu kräftig Musik.

Dann kommt Karo mit dem Kleinen auf dem Arm. Natürlich als wir gerade in der Küche sind.

„Wolltet ihr nicht den Schrank aufbauen?“, wirft sie uns vor.

„Man wird ja noch Spaß haben dürfen“, antwortet Fabian.

Er hat dieses böse Funkeln in seinen Augen. Streit liegt in der Luft.

„Wenigstens einer von uns. Der Kleine hat die ganze Zeit nur geheult."

„Er schläft doch", meint Fabian.

„Ja, jetzt."

Dann umarmt mich Karo zur Begrüßung. Sie riecht nach alter Milch.

„Freut euch schon mal. Kein Schlaf. Keine Zeit füreinander. Und nur Chaos", zeichnet sie mir ein Bild meiner Zukunft.

Ich kommentiere das nicht. Ich ziehe das Bier weg. Signalisiere so, dass ich startklar bin für die nächsten Anleitungsschritte.

„Ich lege mich mit dem Kleinen hin", sagt Karo. Zwischen den Zeilen: Wir sollen nicht so laut sein.

Zwei Arbeitsschritte sind schnell gemacht.

„Lass uns noch 'nen dritten machen", meint Fabian.

„Ja, darf sowieso kein Bier mehr. Wegen Auto."

„Dachte eher, dass wir noch losziehen."

„Was?"

„Ja, habe ich richtig Lust drauf und das Bier schmeckt."

„Aber so wie wir sind?", frage ich.

„Sehen doch normal aus. Und fürs *Lupus* reicht es."

„Also gut."

Wir klotzen rein. Dann steht der Schrank. Wir trinken noch ein paar Flaschen. Ich schreibe Ines. Sie antwortet nicht. Sie schläft schon. Wird also in Ordnung gehen. Hoffe ich. So ein bisschen Deo und Parfüm von Fabian. Den Staub abgeklopft. Und wir sitzen im Bus.

„Ich war so lange nicht mehr weg", meint Fabian. Er strahlt über beide Ohren.

„Morgen wird es das Wort zum Sonntag geben. Für dich mehr als für mich", prognostiziere ich.

„Ist es mir wert."

Im *Lupus* gönnen wir uns Whiskey Cola. 3 Mal. Da dreht sich jetzt so einiges. Und die Laune steigt.

Fabian trifft irgendwelche Chaoten aus seiner Schulzeit. Alle ziemlich besoffen. Alle ziemlich kinderlos. 2 Frauen sind auch dabei. Anfang-30-Jährige ohne Verpflichtung und mit Kohle. Die können feiern. Da gibt es kein Ende. Weil im Portemonnaie kein Loch. Wir schließen uns denen an. Wir ziehen weiter. Von Club zu Club. Wir tanzen. Wir trinken. Als würde morgen die Welt untergehen.

Wen interessiert schon das morgen? Heute. Ich lebe heute. Morgen kann alles vorbeisein. Auch wenn ich bezweifle, dass dieses Spiel jemals aufhört.

„Ist irgendwie wie 'ne Zeitreise", stellt Fabian fest.

„Ja, viel hat sich wirklich nicht verändert."

„Macht mir irgendwie Angst. Wer weiß, ob das noch alles funktioniert?"

Die Schlange ist lang. Hunderte von Menschen wollen mit der Achterbahn fahren, suchen den Kick in weniger als 3 Minuten. Das war hier schon immer so. Die Bahn gibt es seit über 30 Jahren. Ich war damals kurz nach der Eröffnung schon hier. Alle haben darüber geredet: Wie man das Holz rattern hört. Wie es so langsam bergab geht und dann so schnell wieder runter. Schon fast wie im freien Fall.

„Hier", sagt Fabian.

Er zeigt mir ein Bild von den Kindern. Die sind gerade aus der Wasserbahn heraus. Die hatten keine Lust auf ihre Eltern. Fabians Elias hält da meine Marla im Arm. Die beiden sind schon ziemlich dicke. Mir schon fast zu dicke. So dicke, dass meine Vatergefühle aktiviert sind.

„Sind schon niedlich zusammen", meint Fabian.

„Ja, niedlich."

Endlich sind wir an der Reihe. Wir sitzen ziemlich weit vorn. Bügel runter. Und schon knackt alles. Die Ketten. Dann rattert es. Die Holzschienen. Dann Schreie. Wir rasen hinunter. Die Luft schlägt uns ins Gesicht.

Kurze Erinnerung an einen Albtraum. Den, wo ich aus so 'ner Bahn falle. Und falle. Und falle. Den hatte ich über Jahre in regelmäßigen Abständen. Wie so eine Endlosschleife. Deshalb war ich davon überzeugt, dass ich so sterben werde.

Aber nicht bei dieser Fahrt, die ist vorbei. Fabian ist glücklich.

„Ist noch so wie früher. Am liebsten würde ich nochmal."

Unsere Frauen warten vor der Attraktion. Sie unterhalten sich.

„Ihr strahlt wie kleine Kinder", meint Ines.

„Die sind kleine Jungs", fügt Karo hinzu. Dann lachen die beiden.

„Ihr seht aus wie 2 heiße Teenager", entgegnet Fabian.

„Ah, Fabian. Jetzt wird's peinlich", meint Karo.

„Da habe ich manchmal Angst, dass du so über meine Tochter denkst." Ines spricht das aus, was auch mich manchmal umtreibt. Marla wird 15. Sie ist jetzt mehr Frau als Kind. Ich hatte mit 15 schon Sex. Und sie? Würde sie es mir erzählen? Sie würde es Ines erzählen. Und die? Würde Ines mit mir darüber reden? So komisch, wie schnell die Zeit vergeht.

„Lass uns mal was essen", schlägt Ines vor.

Guter Vorschlag. Wir suchen ein Selbstbedienungsrestaurant auf. Da gibt es so amerikanisches Zeug. Davon gönnen wir uns. Und Bier gibt's auch. Es ist ziemlich laut. Und die Burger ziemlich schlecht und überteuert. Aber der Hunger wird gestillt.

Fabian schaut von seinem Handy auf. Er sieht betroffen aus.

„Die wollen die Wehrpflicht wieder einführen."

„War ja von denen zu erwarten", meint Ines.

Denen, das sind diese Nationalen. Die sich nach den ganzen Verboten ihrer Vorgängerversionen immer neu formieren konnten. Da halfen auch die ganzen Verbote nichts. Eine Partei lässt sich verbieten. Dass sie sich unter anderem Namen gründet, leider nicht. Eine Demokratie kann ja keine Menschen verbieten oder verhindern, dass Menschen Parteien gründen oder diesen beitreten.

„Bin immer noch schockiert, dass die gewinnen konnten", sagt Karo.

„Das waren wir alle", meint Ines.

„Nicht so laut! Wer weiß, was für Trottel hier um uns herum sitzen", zischt Fabian.

„Ich bin nur froh, dass ich 'ne Tochter habe. Die wird wenigstens nicht eingezogen."

„Frauen gibt es genug bei der Bundeswehr", meint Ines.

„Die sind da aber freiwillig", wende ich ein.

„Und warum sollte man uns nicht einziehen können?", will Karo wissen.

„Wegen der Kinder. Deshalb waren Frauen vom Wehr- und Zivildienst befreit. Frauen kriegen Kinder und Männer nicht. So war doch die Begründung", antworte ich.

„Das ist ja mal so was von gestern“, entgegnet mir Karo.

Wir stehen kurz vor 'ner Debatte über Gleichberechtigung. Da habe ich keine Lust drauf. Geht am Thema vorbei. Ist so anstrengend. Ich kann da nur verlieren.

„Sind die Nationalen ja auch. Deshalb wette ich 'nen 10er, dass Mädels nicht zur Bundeswehr müssen. Die könnten, müssen aber nicht.“ Ich versuche, das Thema zu beenden.

„Hoffentlich!“ Ines wird Ähnliches vor ihrem inneren Auge sehen wie ich. Ich habe Bilder von Marla vor mir. Bilder von meiner Tochter mit Helm und Uniform. Mit 'nem Gewehr in den Händen. Und diese scheiß Stiefel und diese sinnlosen schwarzen Striche unter den Augen und diese verfickte Fahne auf der Schulter.

Die Sirenen heulen. Ines und ich gehen in den Keller. Murphy ist dabei, unser Havaneser. Für ihn ist es ein Spiel. Er weiß, dass Ines ihn unten mit Leckerlis vollstopfen wird. Ihn kraulen wird. Ihn beruhigen wird, um sich selbst zu beruhigen. Ines ist nicht ruhig. Ines ist ein Wrack: Augenringe, abgemagert. Und gereizt. Mir geht's nicht anders. Nur nicht abgemagert. Ich esse. Ich esse zu viel. Wer weiß, wie lang ich das noch kann.

Ines kuschelt sich mit Murphy in eine Ecke. Da liegt eine Matratze. Da sind Decken. Dazu starrt sie auf ihr Handy. Das macht sie immer. Sie wartet, dass eine App meldet, dass wir nach oben können.

Ich sortiere. Ich zähle: die Dosenravioli, die Bohnen, Mais. Wasser.

„Wo ist die Kochplatte?“, will ich wissen.

„Habe ich nicht angerührt.“

„Irgendwer muss ja. Oder wollen wir nur kalte Dosen essen?“

„Schaue einfach noch mal genauer“, meint Ines. Sie gibt dem Hund wieder Leckerlis.

„Ich brauche was Warmes. Ich bin kein Hund.“

„Ein Feiner bist du. Ein ganz Feiner“, höre ich Ines. Sie ignoriert mich.

Das Warten macht mich verrückt. Wir wissen nicht, auf was wir warten. Auf 'nen Einschlag? Auf das erlösende Signal, wieder in die Normalität zurückkehren zu dürfen? Was ist normal?

Seit Monaten nichts mehr. Oder ist etwas normal, wenn es sich in einem bestimmten Zeitraum ausreichend oft wiederholt?

Die elektrische Kochplatte ist zwischen den Weihnachtsbaumschmuck versteckt. Ich ziehe sie heraus.

„Wer die da hingelegt hat?", murmele ich.

„Wer wohl?!", murmelt Ines zurück.

„Ich stelle die jetzt dahin, wo sie hingehört: nämlich zu den Konserven."

Eine Packung mit Weihnachtsbaumkugeln kippt um. Sie rollen umher. Eine Kugel rollt gegen meinen Zeh. Die liegt immer oben. Sie ist die Wichtigste für uns, deswegen ist sie immer oben in der Verpackung. Ist aus dem Kindergarten, mit 'nem Foto von Marla. Da war sie fünf. Wie lang das schon her ist. Wie die Zeit vergeht ... Wie ich mich anhöre. Wie mein Opa. Hätte ich nie für möglich gehalten, dass ich mal über den Verlauf der Zeit nachdenke wie die Alten.

„Pass ja auf die Kugeln auf! Ist die von Marla heile?", fragt Ines.

„Natürlich."

Ich sammle die Kugeln zusammen. Dann 'nen Blick auf mein Smartphone. Keine Nachricht von Marla. Schon seit zwei Wochen keine. Das macht mich wahnsinnig. Das war nie so. Und seit dem scheiß Krieg ist das die Regel. Wird nie wieder normal sein. Normal ist für mich, dass ich jeden Tag mit meinem Kind Kontakt haben kann. Dass ich weiß, wo sie ist. Dass wir uns blöde Videos schicken oder 'nen Spruch oder einfach nur ‚Hab dich lieb'.

Aber ich weiß gar nicht, wo Marla ist. Sie darf da ihr Handy nicht verwenden. Wegen der Ortung. Das dürfen die nur im Lager. Und gerade ist mein einziger Trost, dass Marla überhaupt irgendwo ist. Irgendwo sein ist besser, als nicht mehr zu sein.

Die Handys läuten. Draußen dröhnt eine Stimme. Entwarnung. Irgendein Gebäude in der Innenstadt wurde von Drohnen angegriffen. Nicht wir.

Die Zeit verstreicht. Tage vergehen. Alarme. Tote. Zerstörung. Wenig hier. Das meiste weit weg von uns. Aber es ist in den Medien. Und in den Sozialen. Die unsrigen weinen und schreien. Und die anderen weinen und schreien.

Da klingelt es an der Tür. Ines prüft über die Haustür-App.

„Einer in Uniform.“

„In Uniform?“

„Ja. Bitte lass das nicht wahr sein!“, fleht Ines.

Ich mach auf. Die Uniform stellt sich vor. Da ist noch jemand in Uniform, stellt sich auch vor. Sie kommen rein, setzen sich ins Wohnzimmer. Sie zeigen uns etwas auf einem Tablet. Nichts. Nur karge Landschaft. Und Mauern. Und Umrisse. Und Wände.

Die zoomen an die Mauern. Da sind Schatten. Da sind viele Schatten. Wir wissen nicht welcher. Wir wissen nur, dass ein Schatten der von Marla ist.

Ines bricht in Tränen aus. Ich drücke sie ganz fest an mich.

Einer der Soldaten sagt: „Marla ist tot. Für den Frieden.“

TIMO QUANTE: „Entweder Rapper oder Gangster" - High-Speed-Novelle

Kristof braucht Kohle. Kristof will Ansehen. Und Kristof lernt schnell.

Kristof hat alles auf eine Karriere als Rapper gesetzt. Er hat keine Freundin, seine Familie versteht ihn nicht, sein Studium hat er für seinen Traum abgebrochen. Dieser Traum platzt. Als Anfang Dreißigjähriger arbeitet Kristof in einem Callcenter.

In rasanten Episoden erzählt "Entweder Rapper oder Gangster" den Aufstieg eines Gescheiterten in eine absurde, brutale, egomanische Parallelwelt aus Drogen, Dekadenz, Prostitution und Menschenhandel.

print ISBN: 978-3-948949-31-0
epub ISBN: 978-3-948949-32-7

MIKIS WESENSBITTER: „An der Mittellinie stehen die coolen Jungs",

Die ganze Wahrheit über '82. Hautnah, erhellend und vollkommen nostalgiebefreit.

Sommer in Ostberlin.
Der 1.FC Union ist endlich wieder erstklassig.
Für Mikis und seine Freunde Kai und Wenzel beginnt nicht nur die achte Klasse, sondern ein ganz neuer Lebensabschnitt. Schließlich darf man, wenn man 14 geworden ist, ganz andere Dinge tun als vorher. Und so geht es zum ersten Mal ins Stadion an der Alten Försterei, die erste eigene Schachtel Semper muss organisiert werden. Und an den Geschmack von Bier muss man sich auch erst mal gewöhnen. Das ist aber nur der Anfang, denn da warten ja schließlich auch noch die Jugendweihe, die erste Rasur und vor allem, der erste Kuss …
Es wird ein turbulentes Jahr werden.

print ISBN: 978-3-948949-14-3
epub ISBN: 978-3-948949-15-0

www.subkultur.de